Tanja Aeckersberg • Fit mit Gedankendiät

Tanja Aeckersberg

Fit mit Gedankendiät

Die richtige Diät fängt im Kopf an

Frieling

Die Deutsche Bibliothek – CIP-Einheitsaufnahme

Aeckersberg, Tanja:

Fit mit Gedankendiät : die richtige Diät fängt im Kopf an /
Tanja Aeckersberg – Orig.-Ausg.,
2. Aufl. – Berlin : Frieling, 2001
ISBN 3-8280-1371-6

© Frieling & Partner GmbH Berlin
Hünefeldzeile 18, D–12247 Berlin-Steglitz
Telefon: 0 30 / 76 69 99-0

ISBN 3-8280-1371-6
2. Auflage anno 2001
Umschlaggestaltung: Tanja Aeckersberg
Bildnachweis: Tanja Aeckersberg
Printed in Germany

Fit mit Gedankendiät

Haben Sie eine Diät nötig?

- Wenn ja, fangen Sie mit der „Gedankendiät" an.

- Ohne die richtigen Gedanken wird sich in keinem Lebens-bereich etwas tun.

- Fehlt die richtige Einstellung im Kopf, wird keine Diät auf Dauer den gewünschten Erfolg bringen.

- Wenn schon eine Diät nötig ist, dann müssen alle Bereiche diese Diät mitmachen. Ihre Denkweise und Ihre Gedanken gehören genauso dazu und haben genauso eine Wirkung auf Sie, wie Ihre Ernährung und Bewegungsabläufe. Ihr Essver-halten und Ihre Bewegungsabläufe werden von Ihren Ge-danken gesteuert.

- Setzen Sie auch Ihre Gedanken auf Diät, wenn Sie eine Diät einhalten. In vielen Fällen genügt sogar eine reine Gedanken-diät für den Erfolg.

- Mit den richtigen Denkmethoden und Übungen können Sie Ihren Körper besser kontrollieren, steuern und ihn nach Ih-ren Wünschen verändern. Sie sind auch Ihr Körper, Ihr Kör-per hört auf Sie, denken Sie entsprechend an ihn.

- Nur gemeinsam können Körper und Geist etwas bewirken, dann sind Sie stark!

- Gedanken bestimmen unser Leben. Wir bestehen aus Gedanken, ändern wir sie, ändern wir uns.

- Dieses Arbeitsbuch ist auch als Hilfe zum „Abspecken" schlechter Angewohnheiten und Lebensweisen gedacht.

- Eine Gedankendiät lohnt sich für jedes Problem einzusetzen. Es ist immer sinnvoll und hilfreich seine Gedanken mit zu „kurieren".

- Erst denken und dann handeln, für mehr Gesundheit und Erfolg überall.

- Rezepte, Ernährungs- und Bewegungstipps für Geist und Körper gehören genauso dazu.

- Mit 40 praktischen, leicht nachvollziehbaren Übungen können Sie sofort mitmachen und direkt etwas für Ihre Gesundheit tun. Dabei veranschaulichen über 30 Grafiken das vermittelte Wissen und helfen bei der Umsetzung und Integrierung in das eigene Leben.

- Hoffnungslose Fälle gibt es nicht, es gibt nur Fälle, die die Hoffnung aufgegeben haben.

Für wen ist dieses Buch gedacht?

- Als Hilfsmittel für alle Menschen, die ihr Denken und damit ihr Leben verändern und verbessern möchten.

- Für mehr Gesundheit.

- Zum Erlernen neuer, besserer Denk- und Lebensweisen, vor allem für den Gesundheitsbereich.

- Unter anderem zur Unterstützung beim Abnehmen und als Hilfe bei Gesundheits- und Diätprogrammen.

- Für alle, die mit ihrem Äußeren unzufrieden sind und es verändern möchten.

- Um zum gewünschten Erfolg und Ziel zu gelangen.

Die richtige Diät fängt im Kopf an, aber wie?

- Hier wird Ihnen mit praktischen Übungen Schritt für Schritt vermittelt, wie Sie Ihre Gedanken und Denkweisen herausfinden und neu strukturieren können.

- Sie lernen Ihre Gedanken kennen und damit richtig umzugehen. Somit werden Sie zum Akteur und bestimmen Ihr Denken und damit Ihr Leben. Hiermit bekommen Sie Ihre Gedanken und Handlungen in den Griff.

Warum ein Arbeitsbuch?

- Es muss gar nicht viel sein, nur es muss etwas sein!

- Sie wollen sofort etwas tun. Sie haben schon genug gelesen.

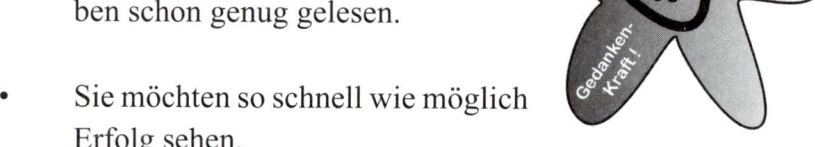

- Sie möchten so schnell wie möglich Erfolg sehen.

- Sie möchten gleich anfangen, nicht erst, wenn Sie das Buch ausgelesen haben und vielleicht schon die Hälfte vergessen ist.

- Sie wollen mit diesem Buch direkt etwas für sich und Ihre Gesundheit tun.

- Als Training.

- Um sofort das Gelernte in den Alltag zu integrieren.

Dies ist ein Arbeitsbuch zum sofortigen Mitmachen. Hier wird nichts auf später verschoben!

Man kann viele Bücher lesen, aber abnehmen wird man nicht, wenn man das Gelesene nicht umsetzt!

Gedankentraining

„Der Schlüssel zum Ziel"

Inhaltsverzeichnis

Was ist Leben?

Dieses Buch werden Sie wahrscheinlich nicht lesen, wenn es Ihnen gut geht. Wenn Sie „gesund" sind, mit sich und Ihrer Umwelt zufrieden sind und sich wohl fühlen, kommen Sie kaum auf die Idee, etwas zu verändern. Wahrscheinlich haben Sie in irgendeinem Lebensbereich Probleme, welche Sie nun lösen möchten.

Bevor wir uns mit dem Verändern von Eigenschaften, Lebensweisen und Gewohnheiten befassen: Was ist eigentlich Leben? Was bedeutet es zu leben?

Jeder Mensch, den wir auf der Straße treffen, lebt. Was haben alle lebenden Menschen gemeinsam? Außer Menschen leben noch Tiere und Pflanzen. Oder leben vielleicht auch Tische, Steine und Autos?

Die momentan gültige Definition von Leben besagt, dass Leben ein sich immer wieder erneuernder Vorgang ist. Ein sich dauernd umsetzender Körper, mit einem fortlaufenden Stoffwechsel, der sich durch Aufnahme ergänzt und durch Abgabe verbraucht.

Also, wir nehmen auf und geben ab. Aber was denn alles? Das ist zuerst einmal die Atemluft mit ihrer Vielzahl von Inhaltsstoffen. Dann die verschiedensten Nahrungsmittel, Wasser, chemische Substanzen und Mikroorganismen. Aber auch Wärme, Licht, Informationen und Gedanken werden ausgetauscht. Eigentlich alles, was es so gibt, wird aufgenommen und in irgendeiner Form wieder abgegeben.

Lebensziele:

... ich fahre Auto, ...

... ich fahre, ...
... ich fahre, ...
... ich fahre, ...
... ich fahre, ...
... ich fahre, ...

aber wohin?

Wenn Sie etwas tun, zum Beispiel irgendwo hinfahren, müssen Sie wissen, wohin. Je genauer die Adresse ist, die Sie haben, desto schneller und einfacher finden Sie Ihr Ziel.

Wenn Sie etwas möchten, müssen Sie wissen, was.

Was bedeutet es für Sie zu leben? Welche Lebensqualitäten möchten Sie haben und aufnehmen? Was ist für Sie lebenswert?

Übung: Hier können Sie aufschreiben, was Leben für Sie bedeutet. Welche Eigenschaften das für Sie sind.

Leben bedeutet:
Leben ist:

_____

_____

_____

_____

_____

_____

_____

_____

_____

_____

_____

_____

_____

_____

Warum soll richtiges Denken mir helfen und mich verändern?

Haben Sie sich schon einmal gefragt, wer Sie sind und aus was Sie bestehen? Was Sie von anderen Menschen unterscheidet? Was Ihre Persönlichkeit ausmacht? Nun, Sie werden vielleicht sagen, ich bestehe aus Zellen, organischen Substanzen, Mineralien, Wasser usw. Aber das ist noch nicht alles. Sie bestehen auch aus dem, was Sie über sich denken, wer Sie sein wollen und aus dem, was andere über Sie denken.

Sie bestehen aus dem, was Ihr Körper von der Umwelt aufnimmt. Das ist eben nicht nur die Nahrung, sondern das sind auch Gedanken, Informationen, Gefühle, Erinnerungen, Wissen.

Alles, was Sie mit Ihren Sinnen hören, riechen, schmecken, sehen, tasten, wahrnehmen, haben Sie schon aufgenommen. Vieles davon bleibt „haften", prägt Sie, wird gespeichert und als richtig oder falsch eingestuft. Die Eigenschaften, die Sie beibehalten und fördern möchten, werden angenommen und verinnerlicht. Sie leben und verhalten sich dann entsprechend. Sie sind dann so.

Sie bestehen aus dem, was Sie in sich aufnehmen, für sich akzeptieren und sein wollen. Also auch aus Gedanken. Wenn Sie etwas essen, was nicht gut für Sie ist, wird es Ihnen entsprechend schlecht ergehen. Essen Sie etwas, was Ihr Körper braucht, worauf Sie wirklich Appetit haben, werden Sie sich sofort besser fühlen. Bei Gedanken ist es ähnlich. Denken Sie schlecht über sich, macht sich das genauso bemerkbar, als wenn Sie sich mit Ihren Gedanken unterstützen und aufbauen.

Was sind Gedanken?

Alles in unserem Universum besteht aus Bausteinen. Wissenschaftler finden immer kleinere Zellen, Atome, Neutronen ... Irgendwann spricht die Wissenschaft dann nicht mehr von Materie, sondern von Energie, aber auch diese besteht aus Bausteinen. Der kleinste Baustein ist noch nicht entdeckt, aber ständig werden noch kleinere gefunden.

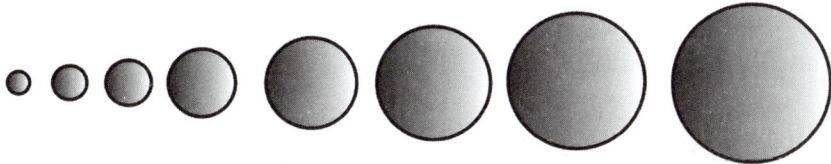

Aus diesen kleinen Ur-Teilchen setzt sich alles zusammen. Alles, was es gibt, sonst würde es nicht existieren. Auch Gedanken.

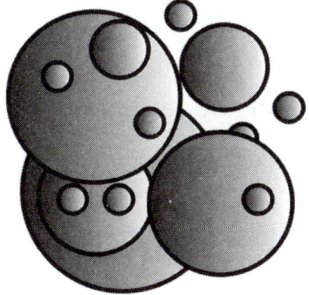

Die Kombination der feinsten Teilchen macht den Unterschied. Alles setzt sich aber letztendlich aus diesen Ur-Teilchen zusammen.

Wer in dieses Thema „Energie" und „Gedanken" tiefer einsteigen will und mehr wissen möchte, dem empfehle ich Herrn Oleg Lohnes (S. 141), der fundiert und seriös Energie und Bewusstsein erforscht, lehrt und psychoenergetische Wahrnehmung und Steuerung vermittelt.

Gedanken bestehen aus viel feineren Bausteinen als der grobstoffliche Körper.

Unsere moderne Wissenschaft kann heute mit ihren Messgeräten schon eine ganze Menge feststellen und erkennen, was vor einigen Jahren unvorstellbar war und niemand für möglich gehalten hat. Aber eben doch noch nicht alles.

Allerdings werden auch Gedanken heute schon gemessen. Mit Gedanken steuern Menschen Computer und sogar Funktionen in Kampfjets. In der Medizin werden Denkmethoden immer erfolgreicher bei der Krebsbehandlung eingesetzt. Operationen werden bereits, vor allem in Zahnarztpraxen, unter Hypnose durchgeführt. Also eine Narkose mit Gedankenkraft. In anderen Ländern ist Geistheilung genauso normal und effektiv wie bei uns die Schulmedizin. Aber auch in Europa werden Denkmethoden und Geistheiler immer mehr anerkannt und integriert.

Jeder kann denken, jeder kann durch Ändern der Gedanken „heilen". Jeder tut es schon und hat es schon oft getan, Sie auch.

Ein Kind lernt irgendwann laufen, ob aus ihm dann ein Spitzensportler wird, hängt weniger von der Begabung ab, eher vom

Training und seinen Interessen. Wenn Sie niemals Klavier spielen gelernt haben und nicht regelmäßig geübt haben, wie soll aus Ihnen ein Mozart werden? Übrigens müssen Sie kein Mozart werden, um erfolgreich zu sein, da genügt schon sehr, sehr viel weniger.

Fangen Sie einfach an!

*Es muss
gar nicht
viel sein,
nur,
es muss

etwas sein!*

Gedanken bestimmen unser Leben

Es gibt keinen Stoff, der auf Dauer nicht zerfällt oder sich um-
wandelt. Nichts bleibt so, wie es ist. Leben ist Austausch und
Wechsel (Stoffwechsel), Veränderung, Erfahrung, Handlung, Bewegung. Alles lebt somit.

Nach Meinung von Oleg Lohnes findet ein Gedankenaustausch
beziehungsweise ein Stoffwechsel statt, sobald ein Unterschied
besteht.

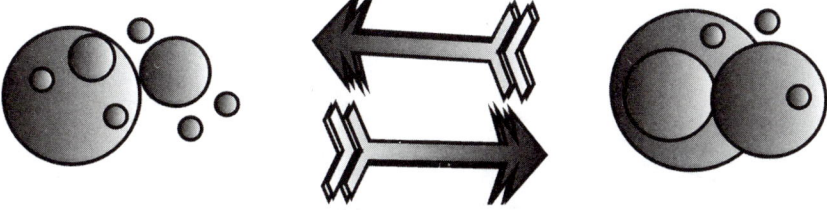

Alleine schon die Wahrnehmung eines Unterschiedes oder von etwas anderem ist ein Austausch. Wenn etwas ausgetauscht wird, ist
es automatisch auch Denken. Gedanken entstehen oder haben Sie,
wenn Sie etwas Unterschiedliches wahrnehmen. Sie reagieren immer auf Ihre Umwelt. Sie denken ständig. Auch wenn Sie Ihre Gedanken nicht immer so bewusst wahrnehmen. Ihr Nervensystem
schickt Tausende von Gedankenimpulsen alleine zur Steuerung Ihrer Körperhaltung. Ohne ständiges Denken, könnten Sie sich nicht
aufrecht halten oder Ihre Hand bewegen. Auch alle Körperfunktionen werden durch mehr oder weniger bewusste Gedanken gesteuert. Gedanken bestimmen unsere Handlungen, unser Leben.

Wie können Gedanken mich verändern?

Da beim Menschen seine groben Bausteine auch aus den ganz kleinen und noch kleineren Ur-Teilchen zusammengesetzt sind, kann man beim Ändern der feinen Bausteine die groben Teilchen automatisch mitverändern. Wie bei einer russischen Puppe, wo in einer groben Hülle noch viel kleinere und noch kleinere Figuren stecken.

Ändern Sie also Ihre viel feiner zusammengesetzten Gedanken, wird Ihr grobstofflicher Körper automatisch mit verändert.

Die Wirkung kann man sofort messen. Bis sie allerdings sichtbar ist, hängt von der Qualität Ihrer Gedankenarbeit ab und aus Ihren anderen Gedanken, die Sie haben, und von dem, was Sie in der Vergangenheit getan oder gedacht haben.

Wenn Sie Ihre Gedanken ändern, setzen Sie weiter hinten oder je nach Sichtweise mehr am Anfang der Teilchenkette an und können eine größere Wirkung erzielen, als wenn Sie nur oberflächliche Symptome bekämpfen. Sie arbeiten dann auf einer viel feinstofflicheren Ebene.

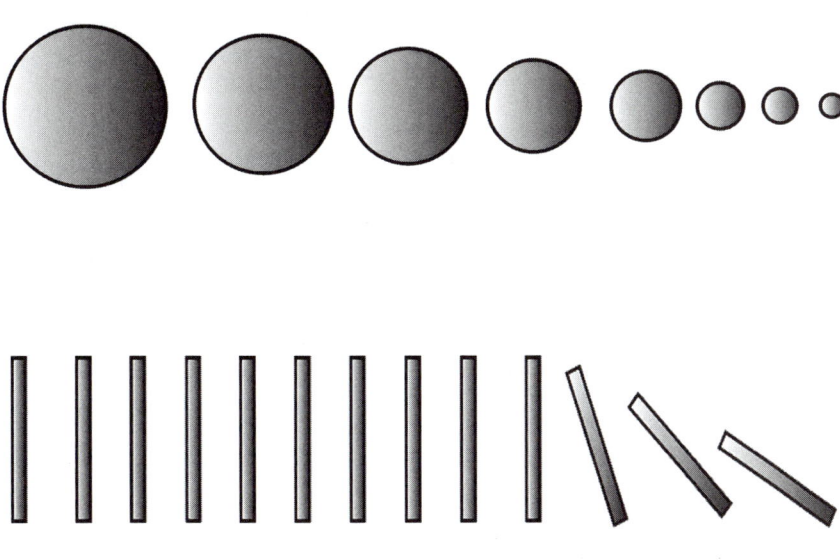

Anfang   *Ende*

Wenn Sie den Dominostein am Ende der Kette anstoßen, werden Sie bei den restlichen Elementen der Kette viel mehr bewirken, als wenn Sie erst einen Stein am Anfang umkippen (verändern) würden.

Bringen Sie den Stein ins Rollen, indem Sie Ihre Gedanken verändern.

 *Übung:* Wie schnell können Gedanken mich verändern?

Ein einfaches Beispiel, das Sie selbst gleich ausprobieren können.

Messen Sie Ihren Puls oder Blutdruck und schauen Sie dabei in einen Spiegel. Beobachten Sie Ihr Gesicht, kontrollieren dabei Ihren Puls und alles, was Ihnen sonst noch einfällt.

Denken Sie nun intensiv an ein schönes Erlebnis, das Ihnen einfällt oder welches Sie erlebt haben. Beobachten Sie dabei, was passiert. Sie werden merken, wie sich Ihr Aussehen und Ihre gemessenen Werte verändern.

Anschließend denken Sie intensiv an ein schlimmes Ereignis oder etwas Trauriges, das Sie vielleicht einmal empfunden haben. Sofort ändern sich Ihre Werte messbar, und Ihr Gesicht sieht ganz anders aus.

Wenn Sie selbst nichts bemerken, fragen Sie einen Freund oder eine Freundin. Freunde oder Familienmitglieder werden sofort eine Veränderung bemerken. Bei anderen Menschen erkennen Sie auch deren Stimmung oder Laune direkt. Wie haben Sie das bemerkt und woran erkannt?

Fachkräfte können dabei noch viel mehr nachweisen und aufzeichnen und immer mehr wird entdeckt. Der Lügendetektor ist auch so ein Gerät, mit dem emotionale Feinheiten unterschieden werden. Ein anderes Beispiel ist das Immunsystem, es reagiert besonders auf Ärger und Stress. Die Anzahl der freien Radikalen im Blut erhöht sich sofort bei Stress oder Ärger und sinkt wieder bei Entspannung und Ausgeglichenheit. Herzinfarkte können durch Stress ausgelöst werden, weil sich die kleinen Blutgefäße dabei verkrampfen.

Warum „richtig" denken?

Gedanken sind Informationen, Eigenschaften, Symbole, Wünsche, Lebensweisen, Merkmale und vieles mehr. Sie haben genauso Substanz, sind genauso real und präsent und haben ihre entsprechende Wirkung wie alles andere, was Sie wahrnehmen.

Die Wirkung von Gedanken sollten Sie nicht unterschätzen. Sie können sich mit richtigen Gedanken helfen und mit falschen Gedanken krank machen. Nur, weil Sie die Gedanken vielleicht nicht sehen können oder ihre Auswirkungen nicht immer sofort spüren, wirken sie doch.

Nehmen Sie die Röntgenstrahlung. Bei den ersten Atomtests und Röntgenversuchen standen die Leute noch daneben und haben zugeschaut. Zuerst haben sie auch nichts bemerkt, die Nachwirkungen kamen erst viel später. Diese Röntgenstrahlung kann kaum ein Mensch direkt spüren, und trotzdem hat sie großen Einfluß auf uns.

Die Werbung und Medien sind eines der besten Beispiele, wie mit Gedanken von Menschen gearbeitet wird und welche Wirkungen damit erzielt werden. Beobachten Sie einmal die Hintergedanken von Werbung oder wie krank man gemacht wird, wenn man nicht dieses spezielle Mittel nimmt, oder wie hässlich man aussieht, wenn man nicht genau das empfohlene Produkt anwendet. Werbung kann manchmal ganz schön brutal und manipulativ sein. Man wird nie erfolgreich sein, isst man nicht diese Schokolade, wird dort gesagt. In anderen Ländern wird Gedankenmanipulation Voodoo genannt. Nutzen Sie jetzt diese Strategien für sich, indem Sie das denken, was Sie möchten und das, was Ihnen hilft. Vorsicht und Achtsamkeit ist dabei geboten. Egal, ob Sie für sich denken oder für andere. Was Sie ausstrahlen, aussenden, das ziehen Sie auch wieder an. Beim Lachen merkt man das am besten, wie das andere ansteckt und sie es dann genauso mitmachen und es reflektieren.

Dieses Buch ist für Sie als Einstieg gedacht. Hier lernen Sie erst einmal, nur mit Ihren eigenen Gedanken und Ihren Gedanken zu sich selbst umzugehen.

Übung: Was denken Sie über Ihren Körper? Zählen Sie Ihre einzelnen Körperteile oder Körperbereiche auf und schreiben Sie Ihre Meinung darüber auf.

Ich denke, ich habe schöne Augen, ...
Ich denke mein Bauch ist zu dick, ...
Mein Bein tut weh, ...

_____

_____

_____

_____

_____

_____

_____

_____

_____

_____

_____

_____

_____

_____

Übung: Betrachten Sie jetzt Ihre aufgeschriebenen Sätze und schreiben hier auf, was Sie dabei empfinden.

Ich freue mich über meine schönen Augen, ich bin stolz auf sie.
Das ist schlecht für mich, ich bin hässlich.
Ich bin krank, ich fühle mich elend.

Was will ich und warum?

Da sich unser Leben ständig verändert, kommen auch ständig neue Herausforderungen. Manchmal allerdings sind diese Veränderungen zu groß oder zu schwierig, und man weiß nicht mehr weiter. Das Leben ist in irgendeinem Bereich zum Stillstand gekommen. Man fühlt sich unwohl und ist nicht mehr zufrieden. Man möchte etwas verändern oder erreichen.

Vorher haben Sie in irgendeiner Weise gelebt und gedacht. Sie sind zum Beispiel regelmäßig zur Arbeit gefahren, waren täglich joggen, sind ins Kino gegangen, haben guten Morgen gesagt, hatten Größe 40 und sahen so aus. Jetzt, durch eine Ursache, ein Problem oder eine Erkenntnis, können oder wollen Sie das nicht mehr so wie früher, Sie sind unzufrieden und fühlen sich nicht gut. Sie wollen sich verändern.

Wenn Sie etwas essen, dann fragen Sie sich: Will ich aus Kuchen und Teig bestehen, will ich Teig ansetzen?

Wenn Sie bestimmte Gedanken konsumieren, fragen Sie sich da auch, will ich daraus bestehen, will ich so sein?

Sie bestehen aus Ihren Gedanken, Zielen und Wünschen. Kennen Sie diese überhaupt alle? Welche Wünsche haben Sie?

Übung: Was will ich und warum?

Gehen Sie jetzt noch einmal die Seite mit Ihren aufgeschriebenen Gefühlen zu Ihren Gedanken über sich durch.

Kreuzen Sie an, was Ihnen gefällt, was Sie beibehalten möchten, und überprüfen Sie sich selbst genau, warum Sie das möchten. Wollen Sie wirklich? Fühlen und spüren Sie, wie das für Sie ist oder sein wird.

Schreiben Sie hier Ihre Favoriten auf. Ideal wäre mit Begründungen. Warum möchte ich das, wieso ist das gut für mich, oder warum hilft mir das?

_____

_____

_____

_____

_____

_____

_____

_____

_____

_____

Die Sichtweise

Viele Leute sagen von sich, sie sind zu dick und sehen trotzdem schlank aus.

Die Frage ist hier, meinen diese Leute das wirklich, oder wie oft sagen sie genau das Gegenteil. Vielleicht sagen sie zu doppelt so vielen anderen Menschen, dass sie schlank sind und gut ausse-hen. Vielleicht sagen sie sich auch innerlich dabei, dass es gar nicht stimmt, was sie sagen, dass sie gelogen haben, als sie diese Aussage über sich gemacht haben. Sie sagen zwar dick, aber mei-nen schlank.

Kurz oder lang?

Ein Bleistift kann für Sie lang sein, ein anderer betrachtet ihn schon als kurz. Dick oder dünn? Wann fängt der Unter-schied an? Wo ist die Grenze? Ab wann ist man dick und ab wann dünn? Die Grenze bestimmen Sie.

Viele Menschen lassen auch die Mode oder Medien diese Gren-zen bestimmen. Aber gibt es eine allgemeingültige Grenze für alle? Jeder ist so verschieden, lebt anders, isst anders und hat eine ganz andere Arbeit und körperliche und geistige Belastung. Wie kann man da Grenzen für alle gleich geltend machen? Sie kennen sich am besten und wissen, was für Sie gut ist.

Bestimmen Sie Ihre Grenzwerte und verschieben diese Grenze in Ihre gewünschte Richtung.

dünn   Grenze   dick

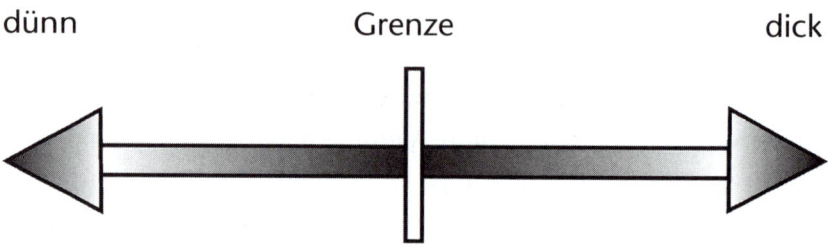

Achten Sie auch auf Ihre Gefühle hinter Ihren Gedanken. Was meinen Sie mit Ihren Gedanken konkret? Welche Empfindungen und Bilder haben Sie dabei? Vor allem, wie geht es Ihnen dabei? Ist die schwarze Katze für Sie ein Glücksbringer, oder gehen Sie ihr lieber aus dem Weg. Das hängt ganz von Ihnen ab. Was für Sie „wie" ist, wissen Sie am besten, Sie kennen Ihre Gedankenwelt aus erster Hand.

Wenn Sie jahrelang denselben Gedanken denken und es gewohnt sind, wird er mehr wirken, als wenn Sie kurz etwas Neues denken. Denken Sie jahrelang, ich bin zu dick, und dann einmal ich bin schlank, wird sich das jetzt kaum sichtbar bemerkbar machen.

Gewohnheit

Wie bei allen Einflüssen auf uns spielt die Menge und die Einwirkungszeit eine große Rolle, so auch bei Gedanken.

Wenn Sie über einen sehr langen Zeitraum etwas tun oder denken, gewöhnt sich Ihr Körper immer mehr daran und verändert sich auch entsprechend.

Denken Sie an den Spruch, der Hund ist wie sein Herrchen. Die Haustiere werden den Menschen, bei denen sie leben, immer ähnlicher. Man hat Ehepaare beobachtet, die frisch verheiratet sind und die ihr ganzes Leben lang zusammenleben. Je länger diese Paare zusammen waren, desto ähnlicher sahen sie sich. Genauso bei der Umwelt. Je mehr man sich in einer bestimmten Umgebung aufhält, desto ähnlicher wird man ihr. Man passt sich an. Irgendwann fällt es dann gar nicht mehr auf, dass es so ist. Das ist bei Fließbandarbeit genauso wie bei ständig gleichen Gedanken.

Was Sie gewohnt sind, das wird für Sie real!

Leben Sie in einem Dorf mit nur „schlanken" Menschen, wird das „Schlanke" für Sie normal sein, und jeder dicke Mensch fällt Ihnen sofort auf, ist exotisch und wird als fremd betrachtet. Umgekehrt ist es genauso. Leben Sie in einem Dorf voller „dicker" Menschen, werden Sie einen schlanken Menschen, der Ihr Dorf besucht, als außerirdisch betrachten und seine Körperform als unnormal und unerreichbar ansehen. Aber das ist nicht so, es ist nur in Ihrem gewohnten Lebensbereich so. Woanders kann es ganz anders oder genau umgekehrt sein. Nur, weil Sie etwas noch nie gesehen oder erlebt haben, ist es doch woanders vielleicht normal und selbstverständlich.

Was Sie gewöhnt sind, fällt Ihnen leichter, darin sind Sie gut und darin kennen Sie sich am besten aus. Allerdings, wenn Sie immer das Gleiche sehen oder tun und das für Sie normal wird und Sie es nicht mehr bemerken, kann es bei schädlichen oder ungesunden Einflüssen auf Dauer krank machen.

Beobachten Sie freundliche, lustige Menschen. Selbst wenn diese Leute mal einen schlechten Tag haben, ihr Gesicht sieht immer noch nett aus. Leute, die immer nur schimpfen und schlechte Laune haben, haben auch das entsprechende Gesicht und die entsprechenden Falten darin. Lieber Lachfalten als Sorgenfalten.

Was dem einen als wahr erscheint, mag dem anderen als falsch erscheinen. (Mahatma Gandhi)

Übung: Finden Sie Gewohnheiten, Gewöhntes, Angewohnheiten bei sich selbst.

Schreiben Sie hier alle Angewohnheiten von sich selbst oder Dinge, die Sie in Ihrer Umgebung gewöhnt sind, auf, die Sie für sich als schlecht oder krankmachend definieren.

Autoabgase
Kunstlicht
Kartoffelchips beim Fernsehen
Abends eine Flasche Bier
Schimpfen über andere Autofahrer

_____

_____

_____

_____

_____

_____

_____

_____

_____

Übung: Schreiben Sie hier alle Angewohnheiten von sich selbst oder Dinge, die Sie in Ihrer Umgebung gewöhnt sind, auf, die Sie für sich als sehr gut und förderlich eingestuft haben.

Täglicher Spaziergang
Freundlich grüßen
Vogelgezwitscher
Duschen
Treppen statt Aufzug

_____

_____

_____

_____

_____

_____

_____

_____

_____

_____

_____

_____

_____

Etwas Neues tun

Zwei Nicht-Sportler, die in ihrem Leben noch nie gejoggt sind und absolut keine Ahnung davon haben, es noch nie gesehen haben, wollen auf einmal 10.000 Meter laufen.

Der eine wird sagen: Das geht nicht, ich habe so etwas noch nie gemacht, ausgeschlossen, dass mein Körper so etwas kann. Ich bin eben so gebaut. Ich bin ein schwacher Mensch und nicht ein Profi und Könner. Wieso soll sich mein Körper überhaupt verändern? Er sagt, ich gehe lieber nur einen Schritt, mache dann eine Pause und spare mir die Kraft für die nächsten Schritte. Oder er hebt sich die restlichen Schritte für die Zukunft auf, weil er denkt, irgendwann keine Schritte mehr übrig zu haben, wenn er jetzt so viele verbraucht.

Der zweite Nicht-Sporter weiß vielleicht, dass sich alles verändern kann, auch sein Körper. Dass sich täglich Millionen Zellen auf- und abbauen und sein Körper sich seinen Wünschen anpasst. Dass er so ist, weil er bis jetzt nicht joggen wollte oder es nicht gekannt hat. Wenn er jetzt auf einmal joggen will, weiß er, dass sich seine Muskeln und Zellen aufbauen werden und er durch mehr Training immer mehr Kraft bekommen wird. Dass es am Anfang Geduld und Ausdauer braucht und nicht sofort perfekt wird, aber dass es durch immer mehr Üben immer besser wird. Dass es durch mehr Schritte immer mehr Schritte werden. Je mehr er läuft, desto besser kann er in Zukunft laufen. Er weiß, dass auch Spitzensportler mal klein angefangen haben. Er wird anfangen, vorsichtig loszulaufen, und wissen, dass es immer besser geht und sein Körper sich verändert und anpasst. Irgendwann ist er dann auch ein Sportler und andere blicken zu ihm auf und denken vielleicht, so wie er ist, so werde ich nie sein.

Wenn jemand nur das Fahrrad kennt, wird er vielleicht denken, dass er schon mit Höchstgeschwindigkeit fährt, und denken, mehr geht nicht. Dann bekommt er das Auto gezeigt und erreicht viel schneller und bequemer sein Ziel. Vielleicht sind Sie ja sogar bisher mit dem Fahrrad in die eine Richtung gefahren und mit dem Auto in die entgegengesetzte Richtung. Fahren Sie mit dem Fahrrad und dem Auto in dieselbe Richtung, ist es noch viel besser für Sie, und Sie sind im Nu am Ziel. Ihr Denken und Handeln müssen in dieselbe Richtung führen.

Allerdings sollte man einen Führerschein haben und die Verkehrsregeln kennen.

Ihre Lebensziele haben Sie schon aufgeschrieben, jetzt benennen Sie Ihre aktuellen Ziele und Wünsche. Wenn Sie Ihre Ziele haben, werden sich Ihre Handlungen und Gedanken entsprechend ausrichten.

Wenn Sie sich in einer Pizzeria eine Pizza bestellen, wird diese Ihnen auch dort serviert. Wenn Sie nichts bestellen, wird auch nichts gebracht.

Es gibt immer etwas, das Sie zu Ihrem Ziel bringt. Wenn gerade kein Zug fährt, schauen Sie sich nach dem Bus um oder nehmen die Straßenbahn. Es gibt immer neue Möglichkeiten. Es gibt auch immer etwas Besseres, Leichteres oder Einfacheres. Schauen Sie sich um.

Hoffnungslose Fälle

gibt es nicht,

es gibt nur Fälle,

die die Hoffnung

aufgegeben haben!

Übung: Schreiben Sie hier Ihre aktuellen Wünsche und Ziele auf.

Gut aussehen.
Gesund sein.

_____

_____

_____

_____

_____

_____

_____

_____

_____

_____

_____

_____

_____

_____

Wortwahl

Etwas schwieriger ist die Formulierung der Ziele und Wünsche. Wenn Sie in China mit einem Chinesen sprechen, müssen Sie auch seine Sprache benutzen, sonst wird die Verständigung schwierig. Lernen Sie die Sprache Ihres Körpers. Achten Sie auf Ihre Gefühle, und spüren Sie, was Ihr Körper Ihnen mitteilen will. Genauso, wie Ihr Körper mit Ihnen spricht, so können Sie, mit etwas Übung, mit Ihrem Körper reden. Sie tun es bereits. Wie sagt Ihnen Ihre Blase, dass sie sich entleeren möchte, und was tun Sie dann, wenn Sie soweit sind? Welche Befehle geben Sie an Ihren Körper?

Diese Steuerung und Körperbeherrschung können Sie durch Training noch verbessern und auf andere Körperfunktionen ausweiten. Sie tun alles sowieso schon mehr oder weniger bewusst.

Allerdings versteht Ihr Körper Ihre Sprache sehr gut und sehr direkt. Alles, was Sie über sich sagen oder denken, unterstützt Ihr Körper sofort, und er wird sich augenblicklich entsprechend verändern. Wie weit er das kann, das hängt noch von andern Faktoren ab.

Wenn Sie zu sich sagen, ich bin ein Millionär, oder ich bin ein Model, und es aus Ihrer Sicht im Moment nicht sind, dann werden Sie ganz schöne Gegenwehr von sich selbst bekommen. Sie werden innerlich denken, das ist gelogen, das stimmt nicht, und große Zweifel haben. Sie sind mit sich selbst im Zwiespalt.

Wenn Sie immer nur nach Norden gegangen sind und sich plötzlich um 180 Grad umdrehen, werden Sie den Widerstand der Trägheit spüren. Beim Autofahren und plötzlichem Bremsen oder im Flugzeug, wenn es startet, spüren Sie diese Fliehkraft. Bei Denkmustern ist es ähnlich, hier nennt man es die Gewohnheit. Ihre Gewohnheit oder Ihre anderen Gedanken und Handlungen in der Vergangenheit, die Sie jetzt ändern möchten, müssen Sie etwas austricksen.

Zuerst müssen Sie immer ehrlich mit sich sein, da Ihr Körper auf alles sofort reagiert. Jeder Gedanke, jede Kleinigkeit wirkt. Sagen Sie grün, kommt auch grün. Ihr Körper wird nicht unbedingt verstehen, wenn Sie grün sagen, aber rot meinen. Ihr Körper versteht Sie sehr direkt, Ihre wirklichen Gedanken und Meinungen. Es ist ähnlich wie bei kleinen Kindern. Kleine Kinder weinen sofort, wenn man sie etwas neckt oder aus Spaß ärgert, weil sie noch nicht dahinter blicken, dass es nicht so ernst gemeint ist und nur ein Spaß war. Sie sind sehr direkt und können ihre wahren Absichten und Gedanken nicht hinter diesen „falschen" Worten heraushören.

Dann spielt noch der Zeitraum bei der Wortwahl eine Rolle. Wenn Sie ständig denken, bald, in Zukunft, später, da werde ich schlank sein, dann wird es mir gut gehen, wird es nie passieren. Ihr Wunsch liegt in der Zukunft. Kurz oder lang, bald, später. Wann fangen diese Begriffe an? Ihre Ziele werden mit solchen Formulierungen immer in der Zukunft, in der Ferne bleiben. Vermeiden Sie solche Begriffe.

Auch müssen Sie mit jeder Körperzelle überzeugt davon sein. Wenn ich Sie frage, haben Sie Ihre Traumfigur, und Sie sagen ja, dann spüren Sie, wenn Sie nicht wirklich dieser Meinung sind, dass Sie eine Traumfigur haben, eine kleine Lüge oder Unsicherheit. Wenn ich Sie nach Ihrem Namen frage, dann werden Sie ihn sofort mit voller Sicherheit aufsagen können. Wenn Sie positive Worte, Sätze, Gebete oder Wünsche für sich formulieren, achten Sie darauf, dass es für Sie so glaubwürdig und stimmig wie nur möglich ist. Versuchen Sie, dieses Gefühl von Wirklichkeit und Sicherheit ständig zu verstärken.

Also, Ihre Gedanken oder Aussagen über sich müssen so sicher und glaubwürdig für Sie wie nur möglich sein, ehrlich und direkt Ihren neuen Wünschen und Zielen entsprechen und so weit wie möglich im Hier und Jetzt liegen und aktuell sein.

Versuchen Sie diese Faktoren bei der Formulierung Ihrer neuen Gedanken so weit wie möglich zu berücksichtigen

Formulieren Sie am Anfang Ihre Wünsche so global und breitgestreut wie möglich, also lieber nicht so konkret.

Beispiele:

- mir geht es immer besser,
- von überall her bekomme ich Geschenke,
- mein Einkommen steigt ständig,
- mein Körper verändert sich nach meinen Wünschen.

Vermeiden Sie dabei Wörter wie „nicht" oder „kein" usw.

Wenn Sie sagen, ich bin „nicht dick", dann bleibt das Wort dick trotzdem und wird durch häufiges Darandenken verstärkt. Wörter sind Symbole mit bestimmten Gedanken und Bildern dahinter. Wenn Sie ein anderes Wort dazu sagen, wird es die oberflächliche Symbolik vielleicht verändern, aber das Grundwort bleibt mit seiner Bedeutung gleich.

Wenn Sie sagen, Sie haben keine Schmerzen, ist Schmerz immer noch Teil Ihres Satzes, und Sie erinnern sich jedes Mal an den Schmerz und verstärken ihn somit.

Außerdem werden bei längerem Denken oder Reden Teile von Betonung oder Bedeutung verschluckt, es wird monoton, und im Gedächtnis bleibt nur noch das Hauptwort Schmerz oder dick zurück.

Ihre Lebensziele und Wünsche für die Zukunft haben Sie schon benannt. Jetzt müssen Sie diese nur noch mehr in Ihr „Jetzt" bringen und richtig formulieren. Fangen Sie mit Ihren Gedanken über sich selbst an.

Übung: Schreiben Sie Ihre Aussagen über sich auf, die Ihnen nicht gefallen und die Sie ändern möchten.

Ich bin dick.

Ich bin faul.

Übung: Ersetzen Sie jetzt Ihre Aussagen über sich, die Sie verändern möchten, durch Sätze mit einer für Sie positiven Formulierung.

Meine Körperform verändert sich immer mehr nach meinen Wünschen.

Meine Kraft und Vitalität nehmen ständig zu. Motivation und Aufmerksamkeit für meine Gesundheit werden besser. Es fällt mir immer leichter, das Richtige für mich zu tun.

_____

_____

_____

_____

_____

_____

_____

_____

_____

_____

_____

_____

Übung: Hier können Sie all Ihre bereits aufgeschriebenen Wünsche in einer besseren Formulierung neu aufschreiben. Formulieren Sie dazu eine positive Aussage, die Ihren Wunsch fördert und unterstützt.

Täglich sehe ich besser aus.
Ich werde immer gesünder.

Übung: Was denken Sie über sich?

Nehmen Sie sich etwas zum
Schreiben und eine Stoppuhr.

Schreiben Sie nun in 3 Minuten alles auf,
was Ihnen über sich und Ihre Gesundheit einfällt. Treffen Sie Aussagen über Ihren Körper, Ihr Aussehen und Ihre Fähigkeiten.

So viel und so schnell wie möglich. Je mehr,
desto besser.

Los geht es!

Anschließend gehen Sie die einzelnen Punkte durch. Zählen Sie,
wieviele Aussagen Ihnen eingefallen sind. Kreuzen Sie die Punkte an, die Ihnen gefallen haben.

Wiederholen Sie diese Übung ab und zu einmal und beobachten
das Verhältnis von „in Ordnung" und „noch nicht in Ordnung".
Ihre Aussagen sollten ständig mehr Ihren Wünschen entsprechen.
Irgendwann sollten gar keine Punkte mehr unter „nicht in Ordnung" auf Ihrer Liste stehen. Die Anzahl Ihrer drei Minuten-Aus-
sagen über sich sollte ständig anwachsen. Die Anzahl zeigt, wie
sicher Sie sich Ihrer Meinungen sind. Wenn Sie lange überlegen
müssen, stimmt es meistens nicht.

Übung: Gedanken korrigieren.

Die Punkte „noch nicht in Ordnung" sind Gedanken, die Sie ändern müssen, um Ihre Ziele und Wünsche zu erreichen.

Fangen Sie mit Ihrer 3 Minuten-Liste und den unerwünschten Aussagen an. Später jedesmal, wenn Ihnen so ein unerwünschter Gedanke in den Sinn kommen will, ersetzen Sie ihn sofort mit einer neuen, besseren Formulierung. Am Anfang wird das etwas aufwendig und mühsam, aber wenn Ihr Programm einmal läuft, geht es bald von alleine, und irgendwann merken Sie es nicht einmal mehr. Es wird Ihnen nur auffallen, dass Sie so denken, wie Sie wollen.

Am Anfang, weil der neue Gedanke noch nicht so tief in Ihnen drin sitzt, ersetzen Sie Ihren unerwünschten Gedanken dreimal durch Ihren neuen. Das heißt, für einen „schlechten" Gedanken drei „gute" Gedanken denken oder sagen. Am Anfang ruhig vor sich her sagen, später dann einfach denken, und ganz später ist es dann einfach so. Wichtig ist das Gefühl und der Ernst hinter diesen Worten. Wenn Sie einen Satz nur so daherreden und nicht ernsthaft und so echt wie möglich meinen, nützt er Ihnen gar nichts, im Gegenteil, er macht Ihre Absicht lächerlich und wird Sie in die Gegenrichtung Ihres Wunsches bringen.

Erinnern Sie sich in Zukunft immer an diese Übung und machen Sie sie so oft es geht, also am besten immer. Nehmen Sie kleine Zettel, Plakate, Kärtchen als Gedächtnisstütze, auf die Sie Ihre Sprüche aufschreiben können als Hilfe.

Glaubenssätze, Mantras, Gebete, Selbsthypnose

In Zukunft also, wenn Sie einen Gedanken bemerken den Sie denken und nicht haben wollen, sofort diesen ersetzen und auf Dauer solche Gedanken gar nicht mehr aufkommen lassen. Ihr Ziel ist es, dass Sie nur das denken, was Sie auch wirklich möchten.

Wenn Sie überhaupt nicht vorankommen und bestimmte Gedanken Ihnen einfach nicht aus dem Sinn gehen oder in Ihren Kopf hineinwollen, dann machen Sie es wie die Mönche in Tibet oder Indien und wiederholen einfach Ihre Wunschgedanken so oft wie möglich. Damit blockieren Sie Ihren Kopf für unerwünschte Gedanken, und der Wunschgedanke wird immer deutlicher, sicherer, stabiler, bis Sie ihn irgendwann im Schlaf können.

Nutzen Sie jetzt die Strategien der Medien, Werbefirmen und der Suggestion im Bezug zur Häufigkeit. Je öfter Sie etwas hören oder sehen, desto natürlicher wird es für Sie und Sie gewöhnen sich daran. Ihr Körper verändert sich entsprechend. In Tibet bekommen kranke Menschen von ihren Mönchen zur Heilung Gebete, die sie zehntausendmal oder mehr aufsagen müssen.

Sagen Sie Ihre Wunschsätze und Formulierungen ständig auf. Dabei ist egal, ob Sie diese denken oder sprechen. Am besten d e n - ken. Am Anfang sind, wie schon erwähnt, auch Zettel, Plakate, Kärtchen sehr hilfreich als Erinnerung. Buddhistische Mönche haben dafür Gebetstrommeln, die sie ständig drehen. Sagen Sie Ihre Sätze oder Sprüche ständig auf. So lange, bis Sie es nicht mehr sagen oder vor sich her denken müssen, sondern es einfach fühlen oder wissen, einfach überzeugt davon sind, dass es so ist. Fangen Sie leicht an und steigern sich im Schwierigkeitsgrad der Formulierung.

Hier eine Beispielübung wieder zum Abnehmen. Sie können natürlich jedes andere Problem dafür einsetzen und entsprechend umformulieren.

Noch ein Tipp, wie bei einer Hypnose, je tiefer Sie entspannt sind und je ernster Sie Ihren Spruch meinen, desto schneller und besser wirkt er.

In der Ruhe liegt die Kraft!

Übung: Positive Glaubenssätze, Gebete, Mantras

..., ich glaube immer mehr, dass mein Körper sich nach meinen Wünschen verändert, ...

..., ich glaube immer mehr, dass mein Körper sich nach meinen Wünschen verändert, ...

..., ich glaube immer mehr, dass mein Körper sich nach meinen Wünschen verändert, ...

..., ich glaube immer mehr, dass mein Körper sich nach meinen Wünschen verändert, ...

..., ich glaube immer mehr, dass mein Körper sich nach meinen Wünschen verändert, ...

..., ich glaube immer mehr, dass mein Körper sich nach meinen Wünschen verändert, ...

..., ich glaube immer mehr, dass mein Körper sich nach meinen Wünschen verändert, ...

..., ich glaube immer mehr, dass mein Körper sich nach meinen Wünschen verändert, ...

Diesen Satz können Sie den ganzen Tag immer wieder denken oder zu sich selbst sagen. Wenn Sie das glauben, vielleicht nach einer Woche, und tief verinnerlicht haben, dann können Sie einen schwierigeren Satz nehmen.

 **_Übung:_** Wenn Sie den Satz vorher akzeptieren können, dann fangen Sie mit dem nächsten Schwierigkeitsgrad an:

..., ich glaube, dass mein Körper sich verändert , so wie ich das will, ...

..., ich glaube, dass mein Körper sich verändert , so wie ich das will, ...

..., ich glaube, dass mein Körper sich verändert , so wie ich das will, ...

..., ich glaube, dass mein Körper sich verändert , so wie ich das will, ...

..., ich glaube, dass mein Körper sich verändert , so wie ich das will, ...

..., ich glaube, dass mein Körper sich verändert , so wie ich das will, ...

..., ich glaube, dass mein Körper sich verändert , so wie ich das will, ...

..., ich glaube, dass mein Körper sich verändert , so wie ich das will, ...

..., ich glaube, dass mein Körper sich verändert , so wie ich das will, ...

..., ich glaube, dass mein Körper sich verändert , so wie ich das will, ...

 *Übung:* Schwierigkeitsgrade erhöhen

..., meine Figur wird immer besser und schöner, ...

Später:

..., ich nehme immer mehr ab und werde schlanker, ...

Dann:

..., ich habe wirklich abgenommen, ich nehme immer weiter ab, alles geschieht wirklich, wie ich es mir wünsche, ...

Bis:

..., es hat geklappt, ich habe abgenommen, ich bin so, wie ich es mir wünsche, und es geht immer noch besser, ...

Von den Sätzen bis zur tatsächlichen sichtbaren Umsetzung kann es etwas dauern. Wichtig ist es, dass Sie dabei bleiben und immer wieder mit sich arbeiten. Ordnen Sie Ihren Gedanken immer wirkungsvollere, schönere, ehrlichere Bilder, Gefühle und auch Handlungen zu. Bleiben Sie dran.

Ihr Körper reagiert immer auf alles, was Sie denken

Ihr Körper reagiert sofort und direkt auf Ihre Gedanken, er tut, was Sie möchten. Bestellen Sie eine gute Figur, bekommen Sie auch eine gute Figur.

Aber wieso klappt das nicht sofort?

Es funktioniert schon sofort. Wenn Sie sensibel sind, werden Sie auch sofort eine Veränderung spüren oder erkennen.

Überlegen Sie, wie lange Sie schon so wie jetzt denken, und was Sie alles vorher gedacht haben. Dazu kommt noch, was andere über Sie denken. Wenn Sie jetzt eintausendmal denken, ich bin schlank, und haben fünf Jahre lang zehntausendmal am Tag gedacht, ich bin dick, dann werden Sie natürlich den Erfolg nicht sofort sehen. Sie müssen erst einmal das Potential der Vergangenheit und Ihrer anderen Gedanken und daraus resultierende Handlungen abbauen.

Jetzt eine gute Nachricht. Sie brauchen nicht mehr die selbe Zeit und Menge an Gedanken, um Ihre alten Gedanken aufzuheben. Nein, im Gegenteil. Theoretisch genügt einmal anders, um alles zu verändern. Sie sind jetzt jemand ganz anderes als Sie früher waren. Sie haben mehr Wissen, Erfahrung und mehr Bewusstsein. Die Qualität und Kraft Ihrer Gedanken ist ganz anders. Im Bezug auf Ihre Vergangenheit sind Ihre Gedanken jetzt viel wirkungsvoller. Üben Sie einfach, Sie werden spüren, wie es immer besser und schneller funktioniert.

Ihr Körper muss sich chemisch verändern und umbauen, was auch nicht sofort geht. Bleiben Sie hartnäckig, diszipliniert, dann werden Sie auch Erfolg haben. Ein Bauer sät sein Samenkorn aus und pflegt es auch ein ganzes Jahr lang, weil er weiß, dass es wachsen wird und er bald ernten kann. Überzeugen Sie sich und halten Sie durch. Suchen Sie und fragen Sie andere Menschen, die das geschafft haben. Es gibt Leute, die nur mit ihren Gedanken und neuen Glaubenssätzen abgenommen haben. Es gibt Menschen, die durch reine Gedankenkraft ihren Krebs besiegt haben. Lesen Sie Zeitungen, erkundigen Sie sich. Nur, weil Sie bis jetzt noch nichts davon gehört haben, heißt es nicht, dass es das nicht gibt. Wohnen Sie immer nur in Ihrem einen Dorf in Ihrer selben Umwelt und haben immer dasselbe Fernsehprogramm an, dann werden Sie auch immer dieselben Informationen erhalten. Wenn Sie bis jetzt alle Übungen mitgemacht haben und sich beobachtet haben, dann haben Sie auch die Wirkung Ihrer Gedanken bereits gespürt. Diese Kraft können Sie durch Training verstärken. Wenn Sie jetzt auf Anhieb 500 Liegestütze machen möchten, werden Sie vielleicht auch ein paar Probleme bekommen. Deswegen sind Sie aber noch lange nicht schlecht und ein hoffnungsloser Fall.

Ihren Führerschein haben Sie auch nicht nach der ersten Fahrstunde erhalten, trotzdem wussten Sie, dass Sie fahren können. Sie wussten, dass das möglich ist, dass man überhaupt Auto fahren kann,

woher?

Ihr Körper macht, was Sie wollen!

Heben Sie jetzt Ihren linken Arm nach oben!

Und hat es geklappt? Ihr Körper tut, was Sie möchten, es wird sich nicht der rechte Arm hochheben, wenn Sie den linken Arm möchten. Weshalb können Sie Ihren linken Arm hochheben? Wie machen Sie das? Für ein kleines Baby ist das, was Sie jetzt machen, schon eine unglaubliche Leistung. Wenn Sie mit Ihrem Körper weiter üben, werden Sie Ihn noch besser steuern können.

Ziehen Sie den Bauch ein, anschließend strecken Sie ihn wieder heraus. Spüren Sie Ihre Atmung, Ihren Darm gluckern?

Ihr Körper tut alles, was Sie sich wünschen, komplizierte Bewegungsabläufe oder neue Funktionen müssen Sie allerdings etwas üben.

Übung macht den Meister!

Es ist noch
kein Meister
vom Himmel gefallen,
aber geworden
sind es viele!

 *Übung zur Körperbeherrschung:*

Machen Sie es sich bequem.

Spannen Sie Ihre rechte Hand ganz fest an, ballen Sie sie zur Faust, so fest wie möglich. Halten Sie diese Anspannung zehn Sekunden, dabei nicht die Luft anhalten, und dann wieder entspannen. Wiederholen Sie das mehrmals.

Jedesmal steigern Sie die Spannung langsamer. Das heißt, zuerst anspannen, dann entspannen. Danach langsamer anspannen, sich mehr Zeit lassen, genauer sein, bis Sie irgendwann zu Ihrem Maximum an Spannung in der Hand kommen. Zehn Sekunden so halten und anschließend noch langsamer wieder entspannen, bis Ihr Arm ganz entspannt ist. Das nächste Mal noch viel langsamer, sich noch mehr Zeit lassen, bis Sie voll angespannt haben und noch viel tiefer und langsamer entspannen.

Versuchen Sie auch noch, jedes Mal weniger Kraft einzusetzen und trotzdem maximal anzuspannen. Dies erreichen Sie, indem Sie den restlichen Körper mehr lockern und entspannen und ruhiger atmen. Wenn Sie den restlichen Körper mit anspannen, geht Spannung in der Hand verloren.

Achten Sie immer mehr auf Details und Kleinigkeiten. Haben Sie ein Gefühl, als könnten Sie einen Roman schreiben über die Dinge die in Ihrer Hand und in Ihrem Körper passieren.

Wiederholen Sie diese Übung zehn- bis zwanzigmal und wechseln dann die Hand. Danach nehmen Sie Ihr Bein und wechseln dann später zum anderen Bein über. Lassen Sie sich Zeit dabei. Sie können diese Übung auch abends vor dem Einschlafen durchführen.

Suchen Sie sich die Körperteile aus, mit denen Sie am meisten Probleme oder sogar Schmerzen haben, zum Beispiel den Bauch oder das Gesäß. Bauch herausstrecken und wieder einziehen, oder Pobacken zusammenkneifen und wieder entspannen. Jedes Körperteil für sich erst komplett durchüben und zehn- bis zwanzigmal wiederholen. Wenn Sie das richtig machen, dauert das jeweils fünf bis zehn Minuten.

Alles langsam und sehr genau durchführen. Dabei immer besser werden und sich weiter steigern.

Der Weg ist das Ziel. (Dalai Lama)

Übung zur Körperwahrnehmung:

Machen Sie es sich bequem.

Achten Sie auf Ihren Puls und Herzschlag. Am Anfang legen Sie eine Hand auf die Brust und spüren das Klopfen Ihres Herzens. Falls Ihnen das zu unangenehm ist, fangen Sie gleich mit Ihrem Handgelenk an und messen dort Ihren Pulsschlag. Nehmen Sie dazu die Finger Ihrer anderen Hand zur Hilfe.

Wenn Sie das gut wahrnehmen können, dann ein Handgelenk nehmen, beziehungsweise die Hand wechseln. Fühlen Sie dort auch Ihren Puls. Wenn das klappt, dann nehmen Sie als nächstes einen Finger. Diesmal versuchen Sie es ohne Hilfsmittel von außen. Das heißt, nicht mit der anderen Hand den Puls messen oder mit der Bettdecke als Kontrast fühlen. Spüren Sie Ihren Puls einfach so durch Ihre Konzentration. Wenn Sie nun Ihren Puls wahrnehmen können, dann weiter mit dem nächsten Finger bis Sie alle durch haben.

Anschließend beobachten Sie Ihren Puls in der ganzen Hand. In den Beinen, Po, Bauch, Gesicht, alles was Ihnen einfällt. Sie können überall Ihre Kreislaufzirkulation spüren.

Ist Ihnen das am Anfang zu schwer, versuchen Sie erst einmal Ihre Atmung überall wahrzunehmen.

Wichtig ist, bei allen Übungen ganz entspannt und locker bleiben und normal durchatmen.

Übung – Bauchmuskeltraining:

Geübte Leute können Ihre Bauchmuskeln wie eine Welle hoch und runter laufen lassen und von rechts nach links.

Die Bauchmuskeln bestehen aus verschiedenen Muskeln mit verschiedenen Unterteilungen. Ungeübte schaffen es vielleicht gerade so, jeden Muskel komplett etwas anzuspannen.

Profis können jede kleinste Muskelfaser einzeln anspannen und entspannen.

Es bringt nicht viel, wenn Sie bei Muskeln nur auf Masse gehen und einseitig trainieren. Beobachten Sie die wirklichen Könner. Ihre Muskeln sieht man kaum von außen, und sie haben trotzdem sehr viel Kraft und Flexibilität.

Durch eine einheitliche und ökonomische Arbeit der einzelnen Muskeln und Ausgeglichenheit im gesamten Bewegungssystem wird Ihre Leistungsfähigkeit dort durch das restliche Körpersystem zusätzlich verstärkt und unterstützt. Die Muskeln arbeiten in einer Kette zusammen. Dies ist viel besser, als wenn ein kleiner Teil alleine arbeiten würde. Dieser kleine Teil ist dann viel schneller überfordert, und es kommt zu Fehlbelastungen und Verletzungen, vor allem an Gelenken und Bandscheiben. Gute Bauchmuskeln sieht man nicht an ihrer Größe, sondern an ihrer Differenzierung und Koordinationsfähigkeit.

Das heißt, wenn es Ihnen gelingt, Ihre Bauchmuskeln überall gezielt anzuspannen, jede kleine Ecke, jeden Winkel, ohne gleich die ganze Bauchdecke zu aktivieren, dann haben Sie wirklich gute Bauchmuskeln. Durch das einseitige Training mit Geräten geht diese Fähigkeit vielen Menschen verloren. Oft treten Darmprobleme und Verstopfung auf wie bei untrainierten, übergewichtigen Menschen. Wenn alle Muskeln gezielt arbeiten und angesprochen werden, verbrennt das außerdem viel mehr Fett und strafft das Gewebe besser, als wenn Sie tausend gleiche Wiederholungen durchführen.

Üben Sie. Gerade die Bauchmuskeln können Sie immer zwischendurch trainieren. Im Sitzen bei der Arbeit, im Auto, beim Gehen, Kochen und Putzen. Ideal ist, wenn Sie das am Anfang vor dem Spiegel üben und sehen.

Seien Sie kreativ!

Übung – Gesunde Körperhaltung:

Wenn Sie schon Ihren Körper trainiert haben, ist Ihnen aufgefallen, dass die Feinheiten, Genauigkeit und die saubere Durchführung einer Übung anstrengend sind und man das gerne absichtlich vergisst oder übergeht. Aber genau das macht den Erfolg aus.

Bewegen Sie Ihren Körper möglichst natürlich.

Am besten ist, Sie bringen Ihr körperliches Training in den Alltag mit ein. Fordern Sie sich, indem Sie Ihre Alltagsbewegungen ändern. Versuchen Sie im Alltag einfach mal eine paar neue Bewegungen zu machen. Probieren Sie andere Gangbilder oder Bewegungsabläufe einzubringen. Warum nicht einmal rückwärts oder seitlich gehen, die Schuhe wechseln oder hüpfen. Es genügt schon, wenn Sie auf Ihre Haltung achten.

Oder ändern Sie Ihre Gedanken, dann ändert sich Ihre Haltung ebenfalls. Wenn Sie Gedanken denken, die Sie aufbauen, der Name sagt es schon, aufbauen, dann wird Ihre Haltung ebenfalls aufgebaut. Wenn Sie lockere, leichte Gedanken haben, dann fühlen Sie sich auch so, und Ihr Knochensystem ist es auch. Wenn Sie flexibel sind, dann ist es auch Ihr Körper.

Beobachten Sie sich in Ihrem Alltag, bei der Arbeit und in den Pausen. Achten Sie auf die Zusammenhänge von Körperhaltung und Ihren Gedanken. Geht es Ihnen gut, sind Sie fröhlich, dann ist Ihre Haltung auch entsprechend aufrecht, locker und offen. Sind Sie schlecht gelaunt oder ärgern sich, finden Sie schnell irgendwo eine Verspannung oder Verkrampfung. Nutzen Sie dieses, wenn es Ihnen gedanklich schlecht geht. Wenn Sie traurig sind, Kopf hoch. Es wird Ihnen sofort besser gehen. Auf einmal sehen Sie andere, neue Möglichkeiten und bekommen wieder Auftrieb. Geht Ihnen ein unangenehmer Gedanke nicht aus dem Kopf, dann ändern Sie Ihre Körperhaltung, automatisch wird sich auch Ihr Denken verändern.

Wenn Sie auf der Straße gehen, denken Sie jedes Mal daran, dass Sie so natürlich, perfekt und schön gehen wie möglich. Denken Sie ständig, hinter der nächsten Ecke könnte eine Kamera stehen, achten Sie darauf, dass Sie von allen Seiten immer gut aussehen, gut dastehen und locker sind.

Wenn Sie im Alltag ständig auf Ihre Haltung und Form achten, haben Sie viel mehr davon, als wenn Sie den ganzen Tag nichts machen und abends zwei Stunden ins Fitnessstudio gehen. Ihre Arbeit kann noch so einseitig sein, mit ein paar Tricks und Ideen gestalten Sie sie immer abwechslungsreicher und gesünder für sich. Machen Sie Ihren Alltag nebenbei zu Ihrem Fitnessstudio ohne dass jemand etwas davon bemerkt oder Ihre Arbeitsqualität nachlässt. Im Gegenteil, Ihre Leistungsfähigkeit wird sich steigern. Auch werden Sie spüren, dass Sie immer weniger Ausgleich und Pausen benötigen und nicht mehr so erschöpft sind. Wenn Sie dann von Ihrer Arbeit kommen, sind Sie immer noch vital und fühlen sich frisch.

Übung – Körperhaltung und Gedanken:

Stellen Sie sich so intensiv wie möglich vor:

- Mir geht es gut, ich bin gesund.

- Ich freue mich.

- Lachen, richtig feste lachen.

- Ich bin traurig, sehr traurig.

- Ich bin wütend, ärgere mich sehr.

- Ich bin niedergeschlagen, erdrückt.

- Ich habe eine gute Figur.

- Ich bin dick, fett und hässlich.

- Ich bin vital.

- Was Sie möchten.

Spielen Sie mit Gedanken und Körperhaltungen. Versuchen Sie einmal zu lachen und dabei ganz eingefallen, gekrümmt zu sitzen. Sie werden bemerken, dass das kaum geht, automatisch richtet sich Ihr Körper auf.

Übung: Vitale Gedanken denken

Schreiben Sie Begriffe und Sätze auf, die Ihnen Kraft, Stärke, Leichtigkeit, Lockerheit usw. geben, und nehmen Sie dabei die entsprechende Körperhaltung ein.

Ich bin fit.
Mir geht es gut.
Ich freue mich.

_____

_____

_____

_____

_____

_____

_____

_____

_____

_____

_____

_____

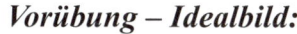

Vorübung – Idealbild:

Stellen Sie sich vor einen Spiegel, in dem Sie sich nach Möglichkeit ganz sehen können. Sehen Sie sich genau an. Schließen Sie dann Ihre Augen und sehen Sie sich dann in Ihrer Vorstellung. Versuchen Sie sich mit geschlossenen Augen so echt wie möglich zu sehen. Ganz genau, jedes Detail. Dann wieder Augen auf. Überprüfen Sie Ihr Bild von sich und Ihrer Vorstellung, und wieder Augen zu. Jedesmal nehmen Sie mehr Details von sich wahr und können sich besser in Ihrer Vorstellung erkennen.

Dabei ist sehr wichtig, dass Sie nicht über sich nachdenken. Auf keinen Fall denken, ich bin dick, das gefällt mir nicht, das sieht nichts aus, ich müsste mal das und dieses tun. Mit diesen Gedanken verstärken Sie noch diese Eigenschaften. Denken Sie neutral oder positiv über sich. Am besten ist, Sie denken erst einmal gar nicht und beobachten nur.

Diese Übung können Sie einige Zeit lang täglich durchführen. Es wird eine Weile brauchen, bis Sie sich in Gedanken ganz genau von allen Seiten betrachten können. Es muss bei dieser Übung gar nicht so perfekt klappen, denn Sie sollen dieses Bild später verändern.

Wenn es nicht um Ihr Aussehen geht, sondern um ein anderes Problem, dann betrachten Sie dieses Problem in Ihrer Vorstellung und beschreiben es ganz genau. Auch hierbei gilt, nichts zu beurteilen und auf- oder abwerten. Einfach unbeteiligt erzählen, um was es sich dabei handelt.

Übung - Idealbild:

Wenn Sie sich selbst ganz gut vorstellen können, ein Bild von sich haben, dann können Sie anfangen dieses Bild nach Ihren Wünschen zu verändern.

Stellen Sie sich Ihr Idealbild von sich vor oder Ihre Traumlösung von Ihrer Problemsituation.

Was ist Ihr Wunsch, wie sieht Ihr „Perfekt" aus?

Stellen Sie sich Ihr Idealbild von sich vor. Jetzt ist wichtig, so perfekt wie möglich. Wie sieht Ihre Traumfigur, Ihr Ideal oder Ihre Idealsituation aus. Sehen Sie sie nicht nur, sondern fühlen Sie auch alles, was damit zusammenhängt. Spüren Sie die Bedeutung, die Wichtigkeit und den Stolz, dass Sie so sind, wie Sie möchten. Ersetzen Sie nun in Gedanken immer mehr Ihr tatsächliches Bild von sich mit Ihrem Idealbild.

Denken Sie, ich bin eigentlich schon so, wie ich mir wünsche. Mein Körper weiß jetzt, wie ich aussehen will, er verändert sich nach meiner Vorstellung.

Jedesmal, wenn Sie über sich nachdenken, sehen Sie Ihr Idealbild von sich mit der Gewissheit, dass Ihr Körper sich schon entsprechend verändert hat und Sie immer mehr von diesen Veränderungen sehen und spüren.

Bleiben Sie hartnäckig. Wenn Sie auf der Straße spazieren gehen, tun Sie es mit Ihrer Idealvorstellung. Sofort ändern sich Körperhaltung und Ausstrahlung. Ihnen wird es besser gehen, und Ihre Körperhaltung und Ihr Aussehen werden sich mit der Zeit zu Ihrem Idealbild hin verändern. Wahrscheinlich werden Sie von Freunden direkt angesprochen, dass Sie besser aussehen oder ob Sie beim Frisör waren.

Es wird am Anfang anstrengend sein, aber Sie wissen ja, dass das nur noch mehr Fettzellen verbrennt.

Wahre Schönheit entsteht von innen!

Ich bin dick!

Ich werde nie schlank
werden, es ist viel zu spät
für mich, ich bin zu dick!

Niemand hat so etwas
bisher geschafft!

Ich mag mich nicht!

Ich glaube nur, was ich
glauben will!

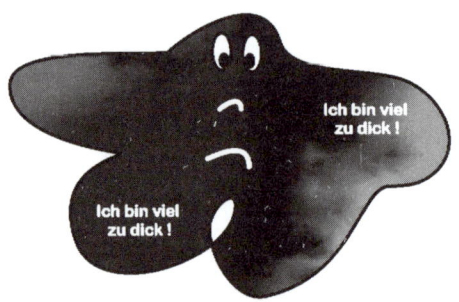

Ich glaube, ich schaffe es
nicht, abzunehmen!

Ich kann das nicht, was du
kannst!

Ich bin fett!

Ich bin dick!

Mein Körper verändert sich nach
meinen Wünschen!

Mir geht es immer besser, mein
Stoffwechsel wird aktiver, verbrennt immer mehr Fett, und ich
nehme immer besser ab!

Mein Körper wird immer leis-
tungsfähiger, kräftiger, er tut, was
ich will. Ich sehe besser aus!

Ich glaube, alles ist möglich.

Es gibt so viele, die das Abnehmen
geschafft haben!
Ich glaube, ich schaffe es!

Ich kann es schaffen, mir gelingt
auch diese Schwierigkeit!

Ich habe es geschafft!
Du kannst das auch!

Sport

Leben ist Veränderung, Bewegung. Leben, ohne sich zu bewegen, geht gar nicht, man bewegt sich immer, und wenn es durch die Atmung ist.

Viele Menschen sind der Meinung, dass sie sich viel bewegen müssen, damit es ihnen besser geht, und je mehr sie sich bewegen, je mehr Sport sie treiben, desto besser geht es ihnen und desto gesünder werden sie. Das ist leider falsch und kann auf Dauer nicht gut gehen, weil sie dann ihre Leistungen ständig steigern müssen, um gesund zu bleiben. Viele machen Sport, und wenn es nicht den gewünschten Erfolg bringt, noch mehr Sport und noch mehr, und irgendwann haben sie keine Zeit und Kraft mehr übrig, um noch mehr Sport zu machen, geschweige denn noch irgend etwas anderes zu tun.

Mit dem Sport ist es genauso wie mit dem gesunden Essen. Es kann noch so gesund sein, essen Sie zuviel davon, wird es irgendwann auch schädlich für Sie werden.

Man beobachtet es bei Leistungssportlern. Sie trainieren sehr viel, und wenn sie irgendwann nicht mehr wie gewohnt trainieren können und plötzlich aufhören müssen, kommt es zu großen Problemen. Dem Körper geht es noch viel schlechter, es kommt zu Kreislaufproblemen, extremer Gewichtszunahme, Immunschwäche.

Wie bei Drogen oder Alkoholkonsum, wenn Sie plötzlich aufhören, kommen die Entzugserscheinungen. Beim Training ist Ihr

Körper eine bestimmte Trainingsmenge gewöhnt und darauf eingerichtet. Wird dort etwas plötzlich verändert, kann sich Ihr Körper nicht so schnell anpassen. Körperzellen müssen sich ja umbauen und verändern.

Es gilt genauso mit dem Sport wie mit dem Essen, das Richtige zur richtigen Zeit in der richtigen Menge. Viel Abwechslung, Qualität und je nach Lebensstil das entsprechend Richtige.

Bewegen Sie sich so natürlich wie möglich und gehen Sie viel an die frische Luft. Wechseln Sie Ihre Sportarten und Übungen öfters ab. Sich sportlich betätigen ist auf jeden Fall eine gute Sache, und das sollten Sie auch tun. Wie schon erwähnt, ist es günstig, wenn Sie Ihr Sportprogramm in Ihren Alltag integrieren.

Überprüfen Sie Ihre Sportdisziplinen. Machen Sie nur eine Sportart, ist das einseitig und auf die Dauer schon schädlich. Schauen Sie sich die Übungen an, die Sie machen, und überprüfen Sie diese für sich auf Gesundheitsförderung und Rentabilität. Nicht für jeden ist jedes Sportgerät und jede Trainingsmethode geeignet und auch sinnvoll. Es gibt Fitnessgeräte und Übungen die auf Dauer zu Gelenkschäden und Fehlbelastungen, vor allem für die Wirbelsäule, führen. Informieren Sie sich.

Manchmal wird der Trainingsplan auch zu einseitig gehalten. Was nützt es, wenn Sie einzelne Muskelgruppen trainieren und zwischendurch welche auslassen. Dort den Bizeps, da den Trizeps, und wieviel Muskeln liegen dazwischen und müssen auch entsprechend trainiert werden für einen gesunden, harmonischen Bewegungsablauf. Sie brauchen Ihre Kraft und Stärke im Alltag, in möglichst natürlichen Bewegungsabläufen, so sollten Sie auch trainieren. Was nützt das ganze Training, wenn Sie nicht einmal fünf Minuten gerade auf Ihrem Arbeitstuhl sitzen können. Es gibt Leute, die können im Sportstudio 30 bis 50 Kilo Gewichte stemmen, und eine Kiste Bier ist ihnen zu schwer. Der ganze Körper ist ein komplexes System, eine perfekt funktionierende Einheit, die einzelnen Teile arbeiten ökonomisch zusammen und ergänzen sich gegenseitig. Wird nur ein Teil der ganzen Kette trainiert oder werden Teile des Gesamtsystems vernachlässigt, bricht irgendwann wegen einem kleinen Zahnrädchen die ganze Kette zusammen. Im Leben ist es genauso. Jeder Berufszweig ist wichtig. Auf wen wollen Sie verzichten, die Feuerwehr, den Bäcker, den Kanalreiniger, den Bauarbeiter oder den Techniker?

Machen Sie auf jeden Fall Sport, aber nicht mit Gedanken wie: Heute habe ich nicht so viel Sport gemacht wie gestern, das war nicht gut, deswegen geht es mir schlechter, ich habe zu wenig getan. Oder vermeiden Sie Gedanken wie, nur wenn ich Sport mache, nehme ich ab. Je mehr Sport ich mache, desto mehr nehme ich ab. Dies ist ein Teufelskreis. Machen Sie irgendwann weniger Sport, werden Sie prompt zunehmen. Sie sind gezwungen, Ihre Leistungen immer mehr zu steigern, und können dann irgendwann nicht mehr noch mehr machen. Wenn Sie genug gegessen haben, sind Sie auch satt. Sie werden nicht denken, heute habe ich nicht so viel gegessen wie gestern, deswegen geht es mir heute schlechter. Denken Sie auch nicht umgekehrt, heute habe ich mehr gegessen als gestern, deswegen nehme ich wieder zu. Das ist genauso falsch und bringt Ihnen nichts. Es ist auch nicht richtig. Heute mussten Sie vielleicht viel mehr körperlich arbeiten und haben viel mehr Energie verbraucht als gestern. Oder Sie essen heute soviel, weil Sie vor einer Woche viel trainiert haben und der Körper jetzt die entsprechenden Muskeln aufbaut. Auch ist falscher Ehrgeiz fehl am Platze. Die Aussage, je mehr desto gesünder, trifft hier nicht immer unbedingt zu.

Zu viel Gesundes ist genauso schädlich wie zu wenig Gesundes. (Oleg Lohnes)

Finden Sie die goldene Mitte!

Übung: Gedanken-Joggen oder Astral-Joggen

Große Auswirkungen haben auch gedankliche Sportübungen auf Sie. Hierfür haben Sie immer Zeit, brauchen nicht in ein Sportstudio und können sich Ihre Trainingsbedingungen und Trainingszeit frei wählen.

Setzen Sie sich bequem in einen Sessel. Sie können die Augen zu machen, besser ist, mit offenen Augen zu üben.

Stellen Sie sich eine schöne grüne Wiese oder einen Weg vor. Sehen Sie sich, wie Sie vor dieser Wiese stehen und die schöne Landschaft genießen. Es ist tolles Wetter, es geht Ihnen gut, Sie fühlen sich fit. Es ist ein idealer Tag, und Sie sind dort in Ihrem Wunschzustand.

Nun laufen Sie in Gedanken los. Stellen Sie sich alles so echt wie möglich vor. Spüren Sie jede Bewegung, den Boden, Ihre Muskeln und Ihre Atmung. Stellen Sie sich vor wie Ihr Körper sich anstrengt, wie Ihnen die Bewegung gut tut. Machen Sie das 10 bis 15 Minuten. Ihr richtiger Körper bleibt die ganze Zeit dabei ruhig und entspannt. Sie werden merken, wie er trotzdem mitgearbeitet hat. Vielleicht bekommen Sie sogar Muskelkater. Wenn Sie jetzt Ihren Puls oder Blutdruck messen, werden Sie feststellen, dass sich die Werte leicht verändert haben, so als hätten Sie richtig Sport betrieben. Wenn Sie das täglich tun, haben Sie fast genauso einen Trainingseffekt wie bei echtem Sport. Sie können, wenn Sie geübt sind, sogar noch besser trainieren und sich gesundheitlich erheblich verbessern. Viele große Sportler trainieren so für Ihre Meisterschaft. Hier im Astraltrainingsraum bestimmen Sie die Bedingungen. Sie können zum Beispiel Bewegungen machen, die Sie sonst nicht so machen können, oder den Schwierigkeitsgrad verändern. Sie können sich beim Laufen einige Hindernisse einbauen, einen Berg laufen oder einfach mal rückwärts weiter laufen.

Wenn Sie vielleicht durch einen Unfall oder Operation ein Körperteil nicht so bewegen können wie Sie möchten, können Sie hier vorsichtig die Bewegung üben die Sie nicht durchführen können. Stellen Sie sich vor, wie Ihnen das gelingt, Ihre Muskeln mitspielen und sich alles gut und normal anfühlt dabei. Ich habe viele Patienten gehabt, bei denen nur kleine gedankliche Vorübungen vor einer Bewegung große Erfolge anschließend erbracht haben.

Aber Vorsicht. Sie haben schon gemerkt, was für Auswirkungen gedankliches Bewegen hat. Bleiben Sie so real und natürlich wie möglich. Machen Sie astral eine falsche Bewegung und haben das gedanklich nicht korrekt vorher definiert, so können Sie sich auch echte Probleme setzen. Wenn Sie sich intensiver damit beschäftigen, ist eine ordentliche Ausbildung darin sehr hilfreich. Bleiben Sie also so natürlich und real wie möglich bei Ihren gedanklichen Übungen und fühlen sich wohl dabei. Auf keinen Fall an Schmerzen oder Probleme denken, an etwas, was Ihnen schaden könnte. Denken Sie immer an Ihren Idealzustand. Und wie auch im realen Leben, nicht übertreiben und überanstrengen. Fangen Sie klein, aber stetig an. Wie bei allen neuen Techniken und Methoden, die Sie lernen, beobachten Sie genau, was passiert und verbessern sich ständig. Spüren Sie, wie es wirkt und es Ihnen besser geht.

Zuviel des Guten ist auch schädlich

Machen Sie diese ganzen Übungen nur für sich. Sie sollten sehr vorsichtig sein, wenn Sie auf die Idee kommen, irgend etwas Gedankliches für andere zu tun ohne ihr Wissen und Einverständnis. Das empfehle ich Ihnen auf keinen Fall zu machen. Achten Sie auf Ihre Gedanken, die Sie im Bezug zu anderen Personen oder Dingen haben, und korrigieren Sie Ihre eigenen Denkmuster entsprechend. Versuchen Sie aber nicht andere zu beeinflussen oder zu manipulieren. Das kann ernste Folgen für Sie und den anderen haben. Selbst wenn Sie nur das Beste wollen. Zuviel Gutes oder Gesundes ist auch schädlich. Es ist dann einfach zuviel. So etwas sollten Sie erst ausprobieren wenn Sie genau wissen und spüren, was dabei bei Ihnen und dem anderen passiert und was es langfristig alles verändert.

Sie werden auch schon bemerkt haben, denken ist genauso anstrengend wie irgend etwas anderes, was Sie tun. Wenn Sie in neue Bereiche hinein denken, ist das so, als wenn Sie eine neue Sportdisziplin erlernen. Gedankenübungen können Sie schnell überfordern. Das merken Sie dann, wenn Sie erschöpft sind, schlecht gelaunt sind, alles Sie nervt, jeder Sie ärgert und nichts so richtig gelingt. Dann haben Sie sich gedanklich überfordert. Hören Sie sofort auf mit irgendwelchen Plänen und Übungen. Denken Sie möglichst wenig nach und fangen Sie erst wieder an mit dem Nachdenken, wenn es Ihnen besser geht. Dann auch nicht über andere Dinge nachdenken. Betätigen Sie sich lieber körperlich mit Sport oder Gartenarbeit oder kümmern sich um Ihr Essen.

Deswegen jetzt ein Abschnitt über Ernährung.

Ernährung

Zur Ernährung zählen nicht nur Nahrungsmittel, sondern auch Tabletten, Medikamente, Aufbaupräparate und auch Getränke.

Bevor Sie dieses Kapitel über Ernährung lesen, bin ich aus rechtlichen Gründen verpflichtet, Ihnen zu sagen, dass, wenn Sie sich in ärztlicher Betreuung befinden, Sie alle Änderungen Ihrer Medikamentur oder Ernährungs- und Diätpläne vorher mit Ihrem zuständigen Arzt absprechen sollten.

Normalerweise ist es selbstverständlich, dass Sie Ihre Rechte, Ihre Entscheidungsfreiheit, Ihren gesunden Menschenverstand niemals irgendwem abgeben sollten, sei es einem Professor oder einem Diätbuch. Jeder kann Ihnen Vorschläge bereiten, Ihnen empfehlen, was Ihnen helfen könnte, aber keiner kann für Sie, und sollte dieses auch letztendlich nicht tun, entscheiden. Keiner kennt Sie besser, als Sie sich selbst. Sie können sich Hilfe und Ratschläge einholen, aber was für Sie letztendlich gut ist, spüren Sie selbst am besten. Überprüfen Sie alles, was Ihnen vorgeschlagen und erzählt wird, wenn es sinnvoll erscheint, probieren Sie es aus. Wenn es Ihnen hilft, dann sehr gut, machen Sie damit weiter, wenn nicht, gibt es etwas anderes.

Aus was wollen Sie bestehen?

Unser Körper besteht aus dem, was wir essen und trinken. Je mehr wir darauf achten, was wir essen und trinken, je besser für uns.

Bei unserem Auto achten wir sehr genau darauf, dass es das richtige Benzin bekommt, und bei der Frage nach dem Motorenöl nehmen die meisten Leute, die ich kenne, im Zweifelsfall das bessere. Unser Automotor soll ja sehr lange halten. Viele dieser Leute, die für ihr Auto das bessere, teurere Motorenöl wählen, nehmen bei der Wahl ihrer Lebensmittel das preislich günstigere mit schlechterer Qualität. Man muß ja sparen. Ich will nicht sagen, dass man sich nur teures Essen kaufen sollte. Teurere Nahrungsmittel sind manchmal von der Qualität her sogar schlechter als billigere. Hier kommt es mehr auf die Qualität, die Herkunft und die Zubereitung an.

Je natürlicher die Nahrungsmittel sind, und je natürlicher und frischer sie zubereitet sind, desto besser. Ein Kopfsalat frisch vom Feld des Biobauern geerntet, schmeckt und ist viel besser als ein Kopfsalat aus dem Ausland, im Gewächshaus gezogen, chemisch gedüngt und schon einige Tage alt, wenn man ihn bekommt. In vielen Ländern werden die Lebensmittel zum besseren Haltbarmachen sogar noch radioaktiv bestrahlt. Dass in einem solchen Salat kaum noch Vitalstoffe zu finden sind, ist selbst einem Laien schon einleuchtend. Beim Gesundheitsamt kann man sich über die Behandlung und Bestrahlung von Lebensmitteln erkundigen.

Es kommt nicht auf die Menge an

Wenn Sie bereits auf Ihre Ernährung achten, haben Sie vielleicht schon bemerkt, dass es ein großer Unterschied ist, ob man zu Hause isst oder in einer Großküche. Meistens wird man in einer Großküche nicht satt, oder das Essen hält nicht lange an. Ich habe festgestellt, dass Menschen, die Fertiggerichte essen oder ihre Mahlzeit in Großküchen einnehmen, oft die doppelte Menge an Nahrungsmitteln zu sich nehmen, als wenn Sie selbst einkaufen und kochen. Meistens sind Sie nach einer Fertigmahlzeit dann trotzdem noch hungrig und fangen eine Stunde später wieder an zu essen. Dies hat auch nichts mit dem Preis zu tun, oft wird ja nur gegessen, weil es gerade so billig ist oder weil es etwas umsonst gibt. Nein, Sie werden nur richtig satt und zufrieden sein, wenn Ihr Körper alles bekommen hat, was er braucht. In einer Kantine kann man manchmal drei Salate essen und fühlt sich immer noch nicht besser danach. Deswegen nehmen viele Menschen auch so zu. Sie essen und essen, und der Körper hat immer noch nichts „Richtiges" bekommen. Sie werden dann von der großen Menge zunehmen, aber weiterhin hungrig sein. In diesen Salaten sind meistens keine Vitalstoffe mehr zu finden. Oft ist dort kein Unterschied mehr zwischen einem Salat und einer Bratwurst. Essen Sie lieber etwas, was Sie wirklich benötigen, und achten Sie darauf, dass es auch wirklich das Richtige ist. Salat zu essen, ist noch lange nicht gesund. Wenn Sie qualitativ wirklich etwas essen, wo noch viele Nährstoffe, Vitamine und Spurenelemente enthalten sind, werden Sie nach kurzer Zeit gesättigt sein.

Weniger ist hier oft mehr!

Wenn Sie genau das essen, was Sie brauchen, zur richtigen Zeit und in guter Qualität, werden Sie schneller satt, brauchen viel weniger zu essen, und es geht Ihnen sofort besser.

Ihre Nahrungsmittel sollten auch frei von Zusatzstoffen, Pestiziden und Düngemitteln sein. Diese zerstören viele Vitalstoffe oder verhindern die korrekte Aufnahme davon. Die künstlichen Substanzen, die der Körper nur sehr schwer ausscheiden kann, lagern sich im Körpergewebe mit der Zeit ab. Viele Jahre später zeigen sich diese Schäden durch chronische, schwer zu diagnostizierende Krankheiten.

Einige Menschen sagen, dass ihnen Bio-Nahrungsmittel zu teuer sind und sie sich das nicht leisten können. Der Preisunterschied ist mittlerweile kaum noch so ein großer, und man braucht auch einfach weniger davon. So gleicht sich der eventuell erhöhte Preis wieder aus. Überlegen Sie auch, was Sie an Kosten für medizinische Versorgung und für Präparate sparen, wenn Sie gesünder sind, von den Schmerzen und Strapazen einmal abgesehen. Dazu brauche ich hier nichts weiter zu erzählen. Wenn es um Leben und Gesundheit geht, sollte man keine Kosten und Mühen scheuen.

Ihr Körper bekommt mit gesunder Ernährung viel schneller alles, was er an Vitalstoffen benötigt und ist zufrieden. Er wird es Ihnen mit Gesundheit und Wohlbefinden danken. Probieren Sie es einfach aus.

Was is(s)t man alles?

Aber man isst nicht nur Nahrungsmittel. Eine noch größere Aufmerksamkeit verdienen die Gewürze, Geschmacksverstärker, Pillen und Tabletten. Diese kleinen Stoffe wirken sehr intensiv. Gerade Tabletten sind sehr komprimierte, künstlich hergestellte Wirkstoffe, die den Körper sehr angreifen. Medikamente können manchmal lebensrettend sein, aber gerade auf Dauer auch sehr belasten. Hier sollten Sie immer genau nachfragen, wo diese Tabletten und Stoffe herkommen, und vor allem, was da wirklich drin ist, ob sie jetzt nötig sind für Sie oder ob es dafür Alternativpräparate oder Methoden gibt. Es wird nicht umsonst immer gesagt, für Risiken und Nebenwirkungen fragen Sie Ihren Arzt oder Apotheker.

Gewürze sind sehr oft chemisch behandelt, geschmacksverstärkt und radioaktiv bestrahlt zum Haltbarmachen. Fertigwürzmittel enthalten oft gar keine natürlichen Gewürzanteile mehr und bestehen aus manipulierten Fetten mit künstlichen Aromastoffen.

Zählen Sie für sich auf, was Sie täglich an Tabletten, Pillen und Medikamenten zu sich nehmen.

Alleine schon Vitamintabletten, Fatburner oder Aufbaupräparate sind künstlich hergestellt oder aufbereitet. Sie sind mit irgendwelchen Zusatzstoffen gefärbt und haltbar gemacht. Oft können diese künstlichen Formen vom Körper gar nicht richtig aufgenommen oder wieder ausgeschieden werden. Sie sind sehr oft falsch dosiert, so dass sie dem Körper mehr schaden als nutzen. Sicherlich sind einige Medikamente für Sie vielleicht notwendig.

Aber eine kleine Tablette macht oft mehr Übergewicht und schadet langfristig dem Körper mit Einlagerungen und Ablagerungen im Gewebe viel mehr, als würden Sie zehn Jahre lang das Dreifache an Hamburgern oder Bratwurst essen.

Bei gesundheitlichen Problemen oder sogar ernsten Krankheiten hat sich allerdings eine zusätzliche Zufuhr von Vitaminpräparaten als sehr hilfreich erwiesen. Teilweise konnten sogar Medikamente schneller abgesetzt werden und der Heilungsverlauf wurde stark gefördert. Oftmals ist der Körper auch gar nicht in der Lage normale Nahrung aufzunehmen oder zu verarbeiten, dann ist es sogar notwendig ihm auf diese Weise zu helfen.

Aber wenn Sie sonst gesund sind, versuchen Sie diese künstlichen Nahrungsergänzungsmittel und angeblichen Fatburner (Pillen) lieber mit Ihren gesunden Gedanken und richtigen Ernährungs- und Verhaltensweisen zu ersetzen.

Glauben Sie, dass Sie eine Tabletten benötigen, um abzunehmen? Warum eigentlich? Überlegen Sie sich Alternativen. Vielleicht reicht ein Gemüsesaft?

Gesundheit mit Gemüsesäften

Vermeiden Sie, so gut es geht, künstliche Nahrungsmittel. Hier empfehle ich immer gerne die Bücher von Dr. Norman Walker. Dr. Walker hat mit richtiger Ernährung und Gemüsesäften viele Krankheiten geheilt, ist selbst 116 Jahre alt geworden und hat vor allem alle seine Kritiker überlebt.

Sehr oft höre ich Berichte von Leuten, die sich auf diese Weise geholfen haben. Ich selber gehöre auch dazu. Nach einer Wirbelsäulenoperation war mein Körper und vor allem mein Nervensystem völlig fertig. Einige Zeit lang danach habe ich nur Tabletten, Aufbaumittel und Medikamente eingenommen. Mit dem Erfolg von noch mehr Nebenwirkungen. Erst als ich die Tablettenbox gegen einen selbstgepressten Gemüsesaft getauscht habe, ging es bergauf. Natürlich ist die Safttherapie nur ein Puzzlestück in einem Heilungsverlauf.

In der heutigen Zeit und Lebensweise ist eine Unterstützung des Körpers mit Gemüsesäften und Obstsäften aber durchaus sinnvoll und sogar heilsam. Gerade, wenn man abnehmen möchte, kann man mit Gemüsesäften dem Körper alles zukommen lassen, was er benötigt, dabei weniger essen und abnehmen. Durch die Wahl der Obst- und Gemüsesäfte kann man sogar das Entgiften und Ausschwemmen der Schlackenstoffe noch unterstützen und auf Abführmittel verzichten.

Natürlich kann man auch Fasten, aber wenn Sie wirklich auf Dauer abnehmen möchten, hilft Ihnen am besten eine Umstellung Ihrer gesamten Lebensweise. Was nützen drei Monate Diät oder Kur, wenn man anschließend wieder so lebt wie früher. Der Körper wird dann noch mehr Vorräte anlegen für die „Dürreperiode". Vor allem das Auf und Ab für den Stoffwechsel, die Extreme, die Emotionen und der Zwang, die bei solchen Kuren aufkommen, sind sehr belastend.

Lieber kontinuierlich langsam die Ernährung ganz ändern. Dem Körper mehr wirkliche Vital- und Nährstoffe zuführen. Dabei auf die Qualität, Frische und Zubereitung achten. Mehr Gemüsesäfte trinken, dann nimmt der Körper ganz von alleine ab, und Sie fühlen sich wohler. Sie werden auch merken, dass Sie dann gar nicht mehr so viel essen müssen und weniger Hunger haben. Der Körper bekommt mit der Zeit automatisch auch mehr Appetit auf das, was er braucht. Der Appetit auf Schokolade oder Schweinshaxe verschwindet ganz von selbst. Alles geht ohne Zwang und schlechtes Gewissen. Wenn Sie dann irgendwann Appetit auf so etwas wie Pommes Frites haben, dann werden Sie es essen, und es wird Ihnen gut bekommen. Sie sind zufrieden und haben wahrscheinlich das nächste halbe Jahr keinen Hunger mehr darauf.

Fangen Sie zum Beispiel an, sich täglich zusätzlich einen frischen Gemüsesaft zuzubereiten, Sie werden sich sofort besser fühlen. Gekaufte Säfte kann ich nicht so empfehlen, sie haben oft eine ungünstige Kombination, sind gelagert und aufgekocht.

Am besten morgens nüchtern sich selbst einen halben bis einen Liter frischen Gemüsesaft auspressen und sofort trinken. Ein bis zwei Stunden danach erst frühstücken, falls Sie da dann schon Hunger haben. Das gleiche abends oder nachmittags noch einmal, jedes Mal frisch. Achten Sie darauf, dass Sie ein bis zwei Stunden vorher oder nachher nichts essen. Im einzelnen werde ich hier nicht so genau darauf eingehen, das würde den Rahmen dieses Buches sprengen. Einige Universalrezepte, die fast für jeden geeignet sind, kann ich aber empfehlen. Mischen Sie die Zutaten im angegebenen Verhältnis so, dass Sie einen Liter Saft erhalten. Probieren Sie jedes Rezept mindestens drei Tage bis eine Woche täglich aus bevor Sie es wechseln. Das ganze sollten Sie mit der Einstellung anfangen, dass Sie das jetzt in Zukunft immer täglich machen. Es hilft nicht viel, wenn Sie es mal eine Woche durchführen, dann eine Pause einlegen und wieder anfangen. Ihr Körper braucht eine Weile, bis er sich umstellt. Machen Sie das ruhig drei bis sechs Monate lang. Danach können Sie dann entscheiden, ob es Ihnen etwas geholfen hat und Sie es beibehalten möchten.

Die folgenden Rezepte sind für den Anfang und als Einstieg gedacht. Beobachten Sie Ihren Körper, variieren Sie die Zutaten, und wenn Sie sich dafür entschieden haben, informieren Sie sich weiter. Es gibt viele Informationen und Bücher darüber, die Sie auch beachten sollten. Außerdem empfehle ich auf Dauer eine professionelle Saftpresse, die nicht auf der Zentrifugalmethode beruht.

Mehr als drei Zutaten sollten nicht auf einmal kombiniert werden Je purer der Saft, desto besser kann er aufgenommen werden und wirken. Der Saft sollte Ihnen auch noch schmecken. Wenn Sie sich einen Saft reinquälen und es Ihnen hinterher schlechter geht, wird er Ihnen kaum helfen.

Alle folgenden Rezepte sind auch sehr gut zur Unterstützung geeignet, wenn Sie eine Diät oder Fastenkur einhalten.

Rezepte

1. Rezept:

2/4 Möhren, 1/4 Sellerie, 1/4 Spinat.

Zum allgemeinen Aufbau, zur Kräftigung und Entschlackung.
Vor allem bei Rückenschmerzen, Nervenleiden, Knochen- und
Gelenkproblemen, Erkältungen und Hautveränderungen. Zur
Darmreinigung und -regeneration.

2. Rezept:

2/4 Möhren, 1/4 rote Beete, 1/4 Äpfel.

Zur Kräftigung und Reinigung.
Vor allem bei Kreislaufstörungen, Blutdruck- und Herzproblemen,
Erschöpfung, Leber- und Blutbildungsstörungen, Frauen-
problemen.

3. Rezept:

2/3 Gurke, 1/3 Kopfsalat.

Zur Reinigung und zum Aufbau.
Bei Wirbelsäulen- und Bandscheibenschäden, Zahnschmerzen und
Zahnproblemen. Für Haut, Haare und Nägel, Gehirn und Nerven.

Haben Sie eigentlich Hunger, wenn Sie essen?

Haben Sie überhaupt Hunger, wenn Sie essen, oder essen Sie auch, wenn Sie satt sind und weil es gerade zwölf Uhr Mittag ist und alle Leute jetzt essen?

Warum essen Sie eigentlich?

*   Weil man seinen Teller leer isst.
*   Weil Sie sowieso gekocht haben und es nicht verkommen lassen möchten.
*   Aus Langeweile.
*   Weil es schmeckt.
*   Weil jetzt Frühstückspause ist.
*   Weil jetzt alle essen.
*   Weil man auf einer Party nicht nein sagen kann.
*   Weil Sie Frust haben und sich ärgern oder aufgeregt sind.
*   Weil zehn Kaffeestückchen im Sonderangebot waren.
*   Beim Fernsehen braucht man Ablenkung.
*   Sie wissen gar nicht, warum Sie essen.

Oder

*   weil Sie wirklich Hunger haben?

Überlegen Sie, warum Sie die letzten Male etwas gegessen haben. Was waren Ihre Gründe dafür?

Übung: Erinnern Sie sich an Ihre letzte Woche und schreiben Sie die Gründe auf, warum Sie etwas gegessen oder getrunken haben.

Ich bin zum Essen eingeladen worden.

Auf einer Party muss man eben mittrinken.

Ich mache Diät und musste das essen.

Mein Plan sieht vor, genau um 15 Uhr eine Mahlzeit einzunehmen.

Bin ich eigentlich hungrig?

Kennen Sie eigentlich Ihr Hungergefühl, wie fühlt sich Hunger und Appetit an? Wieso haben Sie Hunger, was sind die Gründe dafür?

Wenn bei Ihrem Auto der Tank voll ist, werden Sie nicht tanken fahren. Sie werden auch nicht Diesel tanken, wenn Ihr Auto Super braucht. Wenn Ihr Körper etwas braucht, zeigt er Ihnen das durch Hunger, Durst, Schmerzen oder Verlangen an. Wenn Sie nun ständig gegen Ihre eigenen Bedürfnisse handeln, zum Beispiel etwas essen, obwohl Sie keinen Hunger haben, spielt Ihr Regulationsmechanismus irgendwann nicht mehr mit. Die Benzinuhr fragt sich, warum soll ich leer anzeigen, wenn doch niemand mich auftankt. Die letzten dreimal habe ich voll angezeigt und etwas bekommen, also wenn ich leer bin, zeige ich lieber voll an. So etwas kann dann passieren, und Sie haben Hunger, obwohl Sie satt sind oder umgekehrt. Natürlich ist das Ganze im Körper noch etwas komplizierter. Es gibt nicht nur Hunger, Sattsein und Durst. Es gibt vor allem viele spezielle Gefühle und Zwischenstadien, und für alles, was Sie essen, gibt es noch einmal spezielle Zustände und Gefühle dafür. Sie haben zum Beispiel für Pizza ein ganz anderes Hungergefühl als für einen Apfel oder eine Birne. Diese Gefühle gilt es alle zu unterscheiden, zu programmieren und entsprechend darauf zu reagieren.

Sie sind Ihr Körper, Ihr Körper tut, was Sie denken, was Sie wollen.

Nach einer Methode von Oleg Lohnes: Sagen Sie sich, wenn ich etwas zu essen brauche, dann habe ich Hunger und dann esse ich genau das, worauf ich wirklich Hunger habe und was mir schmeckt. Wenn ich satt bin, höre ich sofort auf zu essen. Wenn ich keinen Hunger habe, warte ich solange, bis sich mein Hungergefühl wieder einstellt, egal wie lange das dauert, erst dann esse ich wieder etwas. Sie werden sehen, schon nach einer Woche funktioniert Ihr Regulationssystem wieder besser.

Trinken Sie, wenn Sie Durst haben, und essen Sie, wenn Sie Hunger haben. Sonst nicht. Dieser Satz ist einfach, erfordert aber viel Disziplin. Ein Gesunder kann alles essen und trinken, was er will, er wird automatisch das Richtige tun. Wenn Sie Probleme haben, dann achten Sie auf Ihr Hunger- und Durstgefühl und finden die genaue Ursache dafür heraus. Sie haben sicherlich schon gemerkt, wenn man Appetit auf Schokolade hat, kann es etwas ganz anderes sein, was dieses Bedürfnis auslöst. Dieses Gefühl kann das erste Zeichen sein, dass Ihrem Köper etwas fehlt oder Sie eigentlich vielleicht Durst haben oder Sie es gewohnt sind, in der Situation oder um diese Uhrzeit Schokolade zu essen.

Sie sind vielleicht gar nicht ausreichend trainiert auf Ihre Bedürfnisse. Es gibt in Ihrem Computerprogramm nur das Hungergefühl für Schokolade, und der Hunger nach Blumenkohl ist Ihnen fremd. Das Hungergefühl für Äpfel ist ganz abhanden gekommen, und Sie haben vielleicht Kopfschmerzen oder Bauchweh, weil Ihrem Körper etwas fehlt und er es nicht genauer anzeigen kann oder Sie auf diese Feingefühle nicht gewohnt sind zu reagieren. Sie haben nur eine Tankanzeige für Ihr gesamtes Körpersystem. Trainieren Sie, üben Sie. Fragen Sie sich immer genau, was diese Gefühle bedeuten, warum Sie diese haben. Fühlen Sie, wie Ihr Essen auf Sie wirkt, ob es Ihnen schmeckt und bekommt oder nicht.

Achten Sie auch auf Ihre psychischen Stimmungen nach dem Essen. Bei Hunden kann man sehr gut beobachten, wenn sie nur pures Fleisch bekommen, werden sie sofort aggressiver in ihrem Verhalten. Gibt man den Hunden ab und zu etwas Obst und Gemüse, ändert sich auch ihr Charakter entsprechend, er wird weicher.

Trainieren Sie auch langfristig Ihre Gefühle und korrigieren Sie diese, falls sie nicht stimmen. Üben Sie und verfeinern Sie Ihre Wahrnehmung immer mehr. Dann werden Sie viel deutlicher und feiner spüren, was Sie wirklich brauchen und tun müssen. Ihr Körper wird es Ihnen wieder mit Wohlbefinden und Gesundheit danken.

Beim Trinken gilt übrigens dieselbe Regel wie beim Essen. Alles so frisch und natürlich wie möglich. Also am besten Wasser ohne Zusätze, das heißt ohne Kohlensäure, Zucker, Aromastoffe und Vitaminbeigaben. So etwas findet man heute gar nicht mehr so leicht. Wenn Wasser Ihnen am Anfang nicht schmeckt, können Sie sich zusätzlich noch Obstsäfte frisch auspressen und untermischen. Vermeiden Sie allerdings zuviel Obstsäfte, der Hauptanteil von Ihren drei bis vier Litern Flüssigkeit am Tag sollte Wasser bleiben.

Selbstüberwindung ist das Gesetz unseres Daseins. (Mahatma Gandhi)

Übung – Simulation von Hunger und Sattsein

Um Ihr Regulationssystem zu trainieren, können Sie auch gleich entsprechende Zustände simulieren.

Stellen Sie sich vor, Sie haben Hunger auf eine Erdbeere. Machen Sie sich richtig Appetit darauf, Sie brauchen diese Erdbeere jetzt ganz dringend zum Essen. Erinnern Sie sich, wie Sie das letzte Mal Hunger auf eine Erdbeere hatten, wie sich das angefühlt hat. Anschließend machen Sie das gleiche mit Sattsein. Ich habe genug gegessen, ich bin satt, ich brauche das nicht, weil ich genug davon habe.

Hungergefühl

Sattgefühl

Nehmen Sie diese Kugeln (Integrale Psychometrie nach Oleg Lohnes) als Hilfe, stellen Sie sich Ihr Hungergefühl bei der einen Kugel vor und Ihr Sattgefühl bei der anderen. Um den Unterschied festzustellen, wechseln Sie nun immer zwischen beiden Kugeln hin und her, bis Sie genau Ihr Hungergefühl vom Sattgefühl unterscheiden können. Das ist Hunger, das ist Sattsein, Hunger, Sattsein, Sattsein, Hunger.

Das Gleiche geht auch mit anderen Zuständen wie zum Beispiel Schmerz und Wohlbefinden, Ausgeglichenheit und Stress.

Wohlbefinden

Schmerzen

Ruhe

Stress

Auswahl

Auswahl

Übung – Hungergefühle und Sattgefühle kennen- lernen und trainieren. Auf was bin ich hungrig und wann bin ich satt?

Trainieren Sie Ihr Hunger- oder Durstgefühl, indem Sie solche Zustände einüben. Das tun Sie z. B. einmal, indem Sie, wenn Sie Hunger oder Durst haben, diese Gefühle genau studieren und sich merken. Also bewusst wahrnehmen und beobachten. Sie sollten genauso sicher entscheiden, worauf Sie Hunger oder Durst ha- ben, als wenn Ihre Blase drückt.

Beispiele:

• *Aha, jetzt habe ich Hunger auf …, weil sich das so und so anfühlt und ich das und das denke.*

• *Nein, ich habe keinen Hunger darauf, sondern darauf, ich weiß es genau, weil …*

• *Jetzt habe ich keinen Durst, wieso? Weil …*

_____

_____

_____

_____

_____

_____

Übung: Erzeugen Sie nach der Reihe Hunger auf folgende Nahrungsmittel. Anschließend empfinden Sie keinen Hunger darauf und sind satt. Jeweils immer eins nach dem anderen und immer genau entsprechend dafür. Achten Sie darauf, was Ihnen besonders leicht fällt und was für Sie schwieriger ist. Daran können Sie erkennen, wie weit Ihre Tankanzeigen trainiert sind.

- Tomaten
- Gurke
- Apfel
- Karotte
- Pizza
- Erdbeereis
- Hamburger
- Apfelsaft
- Sardellen
- Kartoffelauflauf
- Wasser
- Pfirsich
- Orangensaft
- Kirschen
- Pommes Frites
- Hühnersuppe
- Eingelegtes Heringsfilet
- Rotwein
- Artischocken
- Ketschup
- was Sie möchten

Übung: Schreiben Sie hier auf, was Sie täglich essen. Gibt es überhaupt etwas, was Sie immer essen? Trainieren Sie hier ebenfalls Ihre Wahrnehmung für Hunger, Durst, Appetit, keinen Hunger oder Sattsein.

Salz

Butter

Wasser

Zucker

Käse

Pfeffer

_____

_____

_____

_____

_____

_____

_____

_____

_____

_____

_____

_____

So kann man auch satt werden

Sie können Ihr Hunger- und Durstgefühl auf die verschiedensten Nahrungsmittel und Dinge trainieren und sich sogar helfen und austricksen damit.

Jedesmal wenn Sie Hunger auf etwas haben, was Sie nicht essen möchten, also worauf Sie eigentlich keinen Hunger haben dürften, dann erzeugen Sie statt dessen das Sattgefühl davon. Ersetzen Sie also Ihr Hungergefühl durch das Sattgefühl. Sie können denken, ich habe in meinem Leben schon genug Pizza gegessen, ich brauche jetzt keine, ich bin satt, mein Körper hat alles, was er braucht.

Am Anfang, wenn Sie so etwas machen, tritt dann wahrscheinlich ein anderes, neues Hungergefühl auf. Dies ist dann wahrscheinlich das eigentliche, richtige Hungergefühl.

Sie können am besten auch gleich denken, ich brauche keine Pizza, ich bin satt von Pizza, aber ich habe Hunger auf Äpfel, und die sind jetzt genau das Richtige, was ich brauche.

Oder wenn Sie sich sicher sind, dass Sie wirklich genug gegessen haben und es Ihrem Körper an nichts fehlt, dann löschen Sie Ihr Hungergefühl ganz und sind komplett satt. So kann man auch satt werden.

Dieses Austricksen von Gefühlen empfehle ich einem Anfänger nicht, warten Sie, bis Sie sich besser kennen und genau wissen, wie weit Sie Ihren Körper umtrainieren können, ohne ihm zu schaden.

Wenn Sie auf den Schienen vor einem entgegenkommenden Zug stehen, der mit großer Geschwindigkeit auf Sie zufährt, können Sie auch nicht einfach sagen, da kommt kein Zug, da ist nichts. Bitte seien Sie hier sehr vorsichtig und ehrlich zu sich. Ablenken, Betäuben und Verstecken vor Problemen beseitigt sie nicht.

Es gibt Menschen, die über Jahre so gut wir gar nichts zu sich nehmen. Jogis, die Glasflaschen essen können. Aber dies braucht auch sehr viel Übung und Kenntnisse, und das ganze Lebensumfeld muß dabei stimmen.

Was Sie allerdings sehr gut machen können, ist die gegessene Menge gedanklich verändern. Sie erinnern sich am Anfang. Ein Bleistift kann kurz oder lang sein. Ein Teller kann voll oder leer sein, je nach Ansicht. Sie brauchen gar nicht so viel zu essen. Wenn Sie richtig und intensiv essen, wird eine Erdbeere, die Sie aufessen, wirken, als wären es zehn Stück. Wenn Sie allerdings denken, zwanzig Erdbeeren sind zu wenig für Sie, dann wird es auch so sein. Umgekehrt natürlich genauso. Wenn Sie denken, eine Erdbeere ist viel zu viel, dann wird es auch so werden.

Wenn Sie wirklich weniger essen möchten und Ihren Hunger bewusst übergehen, dann empfehle ich Ihnen trotzdem Gemüsesäfte zu trinken. Trinken Sie davon, so viel Sie wollen, damit Ihr Körper funktionsfähig bleibt und auch Kraft hat, die ganze Entgiftungsprozedur durchzustehen. Dadurch werden Ihre Zellen auch gleich mit gesunden Stoffen aufgebaut und gewöhnen sich daran.

Wenn Sie dann mit Ihrer Diät aufhören, werden Sie automatisch mehr Appetit auf so etwas haben, und der Heißhunger auf etwas „Ungesundes" bleibt aus.

Muten Sie sich am Anfang nicht zuviel zu, beobachten Sie sich. Wenn Sie jetzt alles sofort auf einmal ändern und umstellen, kann es Sie überfordern. Integrieren Sie Ihr neues Programm lieber täglich etwas mehr. Jeden Tag etwas tun, ist besser als einmal pro Woche eine Krise bekommen und den Rest der Woche in Schuldgefühlen und Frust verbringen. Loben Sie sich lieber jeden Tag für Ihre Verbesserungen.

Was für den einen Gift ist, kann für den anderen Nahrung sein. (Mahatma Gandhi)

 *Übung:* Trainieren Sie, falls Sie eine Diät machen:

- *Ich habe genug gegessen.*
- *Ich esse genau das Richtige für mich.*
- *Mein Essen bekommt mir gut, es stärkt meinen Stoffwechsel, meine Organe und Muskeln.*
- *Ich nehme immer mehr ab, weil meine Nahrung für einen gesunden Körperbau verwendet wird.*
- *Was ich esse, genügt mir vollständig.*
- *Mein Essen macht mich schön und vital.*

 *Übung:* Trainieren Sie, falls Sie Gewichtsprobleme haben und normal essen:

- *Ich esse genau das Richtige in der richtigen Menge.*
- *Es ist gut für mich, was ich esse.*
- *Wenn ich etwas esse, wird es gleich vollständig verbrannt und verwertet für einen gesunden und straffen Körper.*
- *Ich esse immer nur, was ich wirklich brauche.*

Achten Sie darauf, dass Sie auch wirklich mit vollem Einsatz hinter diesen (Ihren) Aussagen stehen.

Übung: Was denken Sie über sich beim, vor oder nach dem Essen.

Ich esse zuviel.
Ich esse schlecht.
Ich platze vom vielen Essen.
Ich esse ungesund.
Ich bin ein Versager.
Ich bin vollgefressen.
Ich kann nicht mehr.

_____

_____

_____

_____

_____

_____

_____

_____

_____

_____

_____

_____

Übung: Formulieren Sie hier für Ihre Aussagen entsprechend gesündere Formulierungen für sich.

Ich esse genau richtig.
Ich esse Gutes für mich.
Ich bin angenehm satt.
Ich ernähre mich immer besser und gesünder.
Mir gelingt alles immer besser.
Ich bin angenehm satt.
Ich bin jetzt fit.

_____

_____

_____

_____

_____

_____

_____

_____

_____

_____

_____

Was denken Sie eigentlich über Ihr Essen?

Jetzt noch etwas absolut Wichtiges. Was denken Sie eigentlich über Ihr Essen?

Noch größere Macht und Einfluss haben Gedanken auf uns, die wir aufessen, beziehungsweise mitessen. Mit der Sichtweise über die Essensmenge haben Sie schon experimentiert. Aber was ist Ihre Grundmeinung über Ihr Essen? Was denken Sie über Ihre Nahrungsmittel?

Schokolade macht krank!
Tomaten sind gesund!

Stimmt das?

Wenn Sie etwas „Gesundes" essen, und es schmeckt Ihnen absolut nicht, es erzeugt in Ihnen einen Widerwillen, und Sie bekommen schon eine Gänsehaut vorher, dann sollten Sie es lieber nicht essen. Nur, weil etwas von der Allgemeinheit als gesundes Nahrungsmittel angesehen wird, braucht es noch lange nicht für Sie gerade jetzt gesund zu sein. Oder warum soll Schokolade schlecht sein? Wenn eine Gurke heute gesund für Sie ist, kann Sie heute abend vielleicht schon schlecht für Sie sein.

Das hängt von Ihrem Zustand, Ihrer momentanen Situation und von dem ab, was Sie vorher alles schon gegessen und getan haben. Wenn Sie etwas essen und Sie es nicht mögen, es eklig aussieht und Sie es trotzdem essen, wird Ihr Körper dem genauso widerwillig gegenüber stehen und es nicht richtig verarbeiten und aufnehmen können, sagt Oleg Lohnes.

Es gibt dann zwei Möglichkeiten. Sie überzeugen sich wirklich innerlich, dass das ja doch gar nicht so schlecht ist. Warum soll die Karotte nicht schmecken? Stellen Sie sich vor, wie lecker sie ist, wie Ihnen das Wasser im Mund zusammenläuft und die ganzen Nährstoffe Ihnen Kraft geben, Sie gesund und schlank machen. Wenn Sie das schaffen, ich meine wirklich schaffen und überzeugt davon sind, dann wird Ihnen auch die Möhre schmekken und Sie vitalisieren.

Die andere Möglichkeit ist, das was Sie nicht essen wollen, einfach nicht zu essen. Es gibt noch so viele andere Dinge zum Essen.

Nun zur Schokolade. So schlecht ist die Schokolade gar nicht. Aber wenn Sie denken, Schokolade macht dick und ist ungesund, Ihr Körper hört auf Sie, dann wird das genau so passieren. Meinen Sie, Kuchen macht dick, und essen dann ein Stück davon, ist das schon nicht gut.

Warum essen Sie etwas, wenn Sie überzeugt davon sind, dass es schlecht für Sie ist und es Sie krank macht?

Übung: Was denken Sie über Ihr Essen?

Essen macht dick.
Schokolade macht krank.
Kuchen ist schlecht.

_____

_____

_____

_____

_____

_____

_____

_____

_____

_____

_____

_____

_____

Übung: Warum soll das so sein? Wieso soll Schokolade krank machen und Kuchen dick?

Kreuzen Sie jetzt die Punkte an, die Sie mit negativ, ungesund, krank machend verbinden. Schokolade ist ungesund, macht dick, schlechte Zähne usw.

Kuchen macht nur dick, wenn man zuviel davon isst, das kann Ihnen auch bei Äpfeln so ergehen, wenn Sie zuviel davon essen.

Die meisten Begriffe von Nahrungsmitteln sind schon in gut und schlecht, gesund und ungesund eingeteilt. Aber das kann man so global überhaupt nicht sagen, es kommt immer auf die Person und Situation an.

Wenn Sie jetzt denken, Pralinen machen dick und krank, dann werden Sie auf Dauer davon auch dick und krank werden.

Keine Diät kann Ihnen helfen, wenn Ihre Gedanken nicht entsprechend eingestellt sind und Sie nicht überzeugt von dem Gelingen sind. Wenn Sie wirklich denken, Schokolade ist gut für mich, sie bekommt mir, dann werden Sie sie so essen, wie Ihr Körper sie braucht. Dann wird Ihr Körper genau diese Schokolade in dem Moment brauchen. Sie wird Ihnen gut schmecken und bekommen, besser in dem Moment als das beste vegetarische Gesundheitsmenü. Aber passen Sie auf, das kann auch genauso gut anders herum sein. Seien Sie ehrlich zu sich, hören Sie auf sich und arbeiten Sie mit Ihren Gedanken und verbessern Sie alles ständig.

Ihr Körper ist außerdem auch gar nicht so anspruchsvoll, wie Sie vielleicht denken, er kann so gut wie alles verwerten. Schauen Sie andere Länder an, was dort Leute teilweise essen und trotzdem gesund sind.

Natürlich wirkt die Schokolade ganz anders auf Sie als ein Stück Gurke. Sie sollten natürliche Nahrungsmittel bevorzugen und hergestellte Lebensmittel lieber vermeiden. Aber nur, weil Sie einmal Schokolade essen, werden Sie nicht krank oder dick. Ihr Körper hat ein gutes Immun- und Ausscheidungssystem. Alles, was er aufnimmt und nicht benötigt, wird an die Außenwelt zurückgegeben. Denken Sie an die vielen Umweltgifte und Krankheitserreger, die Sie täglich aufnehmen. Ihr Körper wird mit allen diesen Giften und Stoffen fertig, und Sie merken kaum etwas davon.

Beobachten Sie die Wirkung der Nahrungsmittel, die Sie aufnehmen, und entscheiden Sie selbst, welche Ihnen bekommen und wie sie langfristig wirken. Finden Sie das Richtige für sich. Es gibt allgemeingültige Rezepte und Ratschläge, die Ihnen sehr gut helfen können, aber nur Sie selbst können am besten wahrnehmen und entscheiden, was gerade jetzt gut für Sie ist.

Finden Sie die positiven Seiten von den Nahrungsmitteln, die Sie essen.

Sie können zum Beispiel denken, Schokolade ist gut für die Gehirnzellen, sie hat viele nützliche Eiweiße für den Aufbau meines Körpers. Dann wird Ihr Körper auch die Schokolade dafür verwenden.

Natürlich gilt hier auch wieder die Regel: Beachten Sie die Grenzen Ihrer Leistungsfähigkeit. Ihr Körper kann nicht zehn Kilogramm Schokolade am Tag für Ihre Gehirnleistung umsetzen. Außerdem müssen Sie wirklich der Meinung sein und dies auch begründen können, dass diese Schokolade Sie nicht krank macht. Dies tut sie ja eigentlich auch gar nicht. Nur, warum denken Sie es dann eigentlich?

Achten Sie bei allem was Sie essen, auf Ihre Gedanken. Essen Sie nichts, wenn Sie nicht wirklich überzeugt davon sind, dass das was Sie essen, gut für Sie ist und Sie es jetzt brauchen. Wenn Sie irgendwelche Zweifel haben, denken, das schadet Ihnen, oder Sie essen etwas, weil die gute Sitte es verlangt, dann essen Sie nicht. Das schlechte Gewissen und die Schuldgefühle anschließend sind viel schlimmer und belasten Ihren Körper viel mehr als die tatsächliche Mahlzeit.

Seien Sie in dieser Beziehung konsequent. Wenn Ihnen das gelingt, dann haben Sie schon das Schwierigste geschafft und der Rest kommt ganz von selbst.

Übung: Schreiben Sie hier Positives über Ihr Essen auf.

Ich esse das, weil ...
Das Nahrungsmittel ist gut für ...

_____

_____

_____

_____

_____

_____

_____

_____

_____

_____

_____

Essen Sie für wen oder was?

- Ein Löffel für Mama,
- ein Löffel für Papa,
- ein Löffel für Oma.

- Und wann bekommen Sie eigentlich etwas zu essen?

Wenn Sie gedanklich etwas für andere essen, wird ein Teil dieser Energie auch dorthin gehen und Ihnen fehlen. Gerade diese Energie ist aber wichtiger für Sie als die feste Nahrung. Denken Sie an sich beim Essen, wie Ihr Essen Ihnen gut tut, auf Sie wirkt. Stellen Sie sich bei Ihrer Mahlzeit extra vor, wie sie bei Ihnen wirken soll. Sonst nehmen Sie nur das Nahrungsmittel auf, und Ihr Körper lagert es an, weil er nicht weiß, was er damit anfangen soll.

Sie können auch essen zum Abnehmen. Stellen Sie sich vor, wie Ihr Körper arbeiten muß, um Ihr Essen zu verdauen, Magen und Darm sich anstrengen und Energie verbrauchen, alle Nährstoffe und Vitalstoffe, die Sie benötigen, aufnimmt, und alles, was Sie nicht wollen, sofort abgibt.

Oder essen Sie für Ihren dicken Bauch, damit er noch dicker wird?

Wenn Sie beim Essen nur denken, dass Sie davon dick werden, an Ihre Probleme und Schmerzen denken, werden diese davon noch gestärkt. Denken Sie an die Punkte, die Sie unterstützen, ernähren und stärken wollen. Essen Sie für sich, für Ihre Ziele.

Übung: Schreiben Sie für Ihre nächste Mahlzeit auf, für was diese gut sein soll.

Ich esse für meine Gesundheit.
Ich esse die Gurke für meine schlanke Taille.
Ich esse den Pfirsich für mehr Energie und Tatkraft.

_____

_____

_____

_____

_____

_____

_____

_____

_____

_____

_____

_____

_____

Was denken oder reden Sie so alles beim Essen

Was Sie beim Essen über irgendwelche Probleme oder Sorgen denken oder fühlen, wird besonders gut aufgenommen. Es wird mit heruntergeschluckt oder einfach schneller geschluckt.

Haben Sie sich schon einmal gefragt, warum bei einem guten Essen so gerne Geschäftsverträge abgeschlossen werden? Die Meinungen oder Wünsche der Vertragspartner werden viel schneller heruntergeschluckt und akzeptiert.

Reden Sie beim Essen möglichst nicht über irgendwelche Sorgen, Probleme oder Krankheiten, weder über Ihre eigenen noch die von anderen. Sie nehmen diese sonst mit dem Essen auf. Diese Dinge werden dann mit „geschluckt", und damit verstärkt.

Natürlich können Sie andererseits auch denken, dass Ihr Magen diese Sorgen gut verdaut und auflöst, aber dazu empfehle ich viel Praxis und Wissen.

Reden Sie beim Essen lieber möglichst wenig, und wenn doch, dann lieber über Ihre Zukunft, Ihre Pläne und Wünsche. Dann werden diese „genährt" und unterstützt.

Redensarten

Auch Redensarten wie zum Beispiel:

„Das schlägt mir auf den Magen",

„die Sorgen ersticken mich",

„mir läuft die Galle über",

„ich habe immer zuviel heruntergeschluckt",

„ich fresse alle Probleme in mich hinein",

„sich an etwas festbeißen",

„mein Magen dreht durch",

„mir wird übel, wenn ich das höre",

„das kotzt mich an",

„ich bin sauer",

sollte man beachten.

Es gibt sehr viele Zusammenhänge zwischen Krankheiten und emotionalen Eigenschaften oder Zuständen. Gerade Magengeschwüre sind in der Medizin dafür bekannt. Aber auch in allen anderen Bereichen gibt es solche Verbindungen zwischen organischen Symptomen und Gemütszuständen.

Viele Redensarten haben einen tieferen und bedeutenden Sinn und meistens recht. Achten Sie auf die Bedeutung, wenn Sie solche Dinge sagen. Spüren Sie die Veränderungen in sich, die dieser Satz auslöst oder diesen Satz ausgelöst haben. Sie können in allen Bereichen Ihren Organen sehr helfen, wenn Sie auf Ihre Gedanken, Emotionen und Redensweisen achten und sie entsprechend korrigieren.

Es gibt auch andere Möglichkeiten, seinen Zustand zu beschreiben. Wählen Sie gesunde Aussagen und Redensarten und schlagen Sie dabei zwei Fliegen mit einer Klappe.

Anstatt zu sagen, ich bin sauer auf dich, können Sie sagen, es hätte mir besser gefallen, wenn du das so gemacht hättest. Jetzt ärgern Sie sich nicht mehr so sehr, erklären dem anderen gleichzeitig, was Ihnen lieber gewesen ist, bleiben freundlich, und Ihre Organe werden nicht mit einbezogen.

Sogar noch besser wäre, Sie würden sagen, das nächste Mal mach diese Sache doch bitte so, das wäre gut für … . Hier machen Sie Schadensbegrenzung und empfinden die Angelegenheit für sich nicht mehr so extrem. Es ist ja sowieso vorbei, warum sich jetzt nachträglich ärgern. Es ist besser, wenn alle Beteiligten das nächste Mal vorher aufpassen. Hinterher ärgern bringt niemandem etwas ein und macht die Sache auch nicht mehr ungeschehen. Nun können Sie sofort loslegen, um die Angelegenheit doch noch nach Ihren Wünschen zu verändern.

Auch aus Steinen, die in den Weg gelegt werden, kann man Schönes bauen. (Goethe)

Wer ist hier zu dick?

Warum finden Sie sich überhaupt zu dick oder denken, dass Ihr Problem schlimm ist? Wer bestimmt dick und dünn? Dick und dünn sind nur globale Oberbegriffe.

Wer bestimmt, ab wann man dick ist?

Wo fängt dick an, wo hört es auf?

Wollen Sie abnehmen wegen anderen oder weil Sie sich unwohl fühlen?

Übung:
Was bedeuten Ihnen die Wörter dick und dünn? Welche Bilder sehen Sie dahinter?

Ändern Sie Ihre Meinung über diese Wörter. Das Wort dick sollte nicht „negativ" mit Bildern und Gefühlen besetzt sein. Verbinden Sie dieses Wort nicht mit Bildern von sich selbst, sonst werden Sie immer Ihr „dickes" Bild von sich im Sinn haben, wenn irgend jemand dieses Wort gebraucht. Sie sollten dick genauso normal empfinden und gebrauchen wie Tisch oder Stuhl.

Ausreden

Ausreden, Entschuldigungen, Ablenkungen, weil Sie irgend etwas nicht gemacht haben, was Sie eigentlich tun wollten oder sich vorgenommen haben zu tun, gewöhnen Sie sich am besten ab.

Beispiel:

Ich kann keinen Sport machen, weil ich zu dick bin, und ich bin zu dick, weil ich keinen Sport machen kann.

Ich bin so, weil ich so bin, und weil ich so bin, bin ich so.

Dies ist ein Teufelskreis, in den man sich verrennt und nur nach Ausreden sucht, und Ausreden findet man immer, und wenn es das dreihundertste Vorleben auf Wolke eintausendsiebenundzwanzig väterlicherseits war.

Entweder tun Sie es oder Sie tun es nicht. Sie leben jetzt, und jetzt können Sie etwas verändern und bewirken.

Wenn Sie etwas nicht tun, machen Sie für sich einen Plan, wann Sie es tun wollen, und tun es dann, aber belasten Ihren Kopf nicht mit einem schlechten Gewissen. Diese Gedanken sind in keiner Weise förderlich.

Der innere Kampf und Zwiespalt mit sich selbst kostet am meisten Gesundheit und Vitalität. Viel Zeit und Gedankenkraft gehen dabei verloren, die Sie für etwas Besseres einsetzen könnten.

Übung: Gedanken aufschreiben

Hier eine letzte Übung, die bei Ihnen eine Dauer-hausaufgabe werden sollte, bis es für Sie genauso selbstverständlich ist wie eine Dusche oder das Zähneputzen.

Der Mensch denkt unzählbare Gedanken pro Tag, wieviele bemerken Sie überhaupt, und an welche können Sie sich später erinnern.

Nehmen Sie sich einen Notizblock und schreiben Sie einen Tag lang (am besten gleich morgen) während des ganzen Tages so viele Gedanken und Aussagen von Ihnen über sich auf, wie Sie können. Was erzählen Sie anderen über sich und was denken Sie selbst über sich. Was sagen Sie über Ihr Essen, Ihr Aussehen und Ihren Körper. Schreiben Sie soviel davon auf wie Sie entdecken.

Abends zählen Sie Ihre Gedanken über sich und notieren sich, wieviele Ihnen gefallen haben, das heißt Ihren Wünschen und Zielen entsprochen haben. Notieren Sie wieviele Ihrer Gedanken und Aussagen Ihnen nicht förderlich waren. Korrigieren Sie dann diese unerwünschten Aussagen, indem Sie dreimal einen positiven Satz dafür formulieren oder aufsagen.

Wiederholen Sie diese Übung regelmäßig, bis sie später automatisch zur nächsten Übung wird.

Übung: Idealgedanken

Sobald Sie Aussagen oder Gedanken bemerken, die Ihnen nicht gefallen, sofort ersetzen. Ändern Sie diesen Gedanken durch das, was Ihnen richtig erscheint und Sie möchten.

Üben Sie. Ihr Ziel ist, dass Ihnen unerwünschte Gedanken erst gar nicht mehr einfallen und Sie nicht mehr daran denken. Dass Sie gar nicht mehr denken müssen, dass Sie gesund sind und alles in Ordnung ist, sondern dass es einfach so ist, und Sie diesen Idealzustand oder diese Idealgedanken immer bewusst aufrecht erhalten können,

immer.

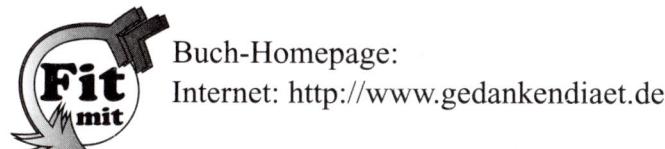

Buch-Homepage:
Internet: http://www.gedankendiaet.de

Empfehlungen:

Oleg Lohnes Therapeutikum
Integrale Parapsychologie
55218 Ingelheim, Grundstraße 100
Internet: http://www.oleglohnes.de

Dr. Norman W. Walker
Frische Frucht- und Gemüsesäfte
Auch Sie können jünger werden

Shiatsu-Centrum Inge Schubert
Internet: http://www.shiatsu-inge.de

Thorwald Dethlefsen/ Rüdiger Dahlke
Krankheit als Weg

Louise L. Hay
Wahre Kraft kommt von Innen

Dr. med. Matthias Rath
Warum kennen Tiere keinen Herzinfarkt – aber wir Menschen?

Franz Konz
Der Grosse Gesundheits-Konz
Ur-Medizin

Tanja Aeckersberg
Krank im Bett – was nun?
Übungen, Tipps und Tricks zur schnelleren Genesung.
ISBN 3-8280-1336-8

Zur Autorin

Die Autorin Tanja Aeckersberg ist 1969 in Wiesbaden geboren und von Beruf Physiotherapeutin und Heilpraktikerin. Sie hat verschiedene Ausbildungen in alternativen Heilmethoden und in integraler Parapsychologie.

Schlusswort

Hiermit möchte ich allen Freunden, Kollegen, Therapeuten, Lehrern, Heilern, Menschen und meiner Familie danken, die mir bis jetzt in meinem Leben zur Seite standen und mir mit ihrem Wissen, Ratschlägen und Taten geholfen haben.

Besonderer Dank an Oleg Lohnes für seine Gesundheitshilfe, seine Lehren und Denkmethoden, die sich auch hier in diesem Buch wieder finden.